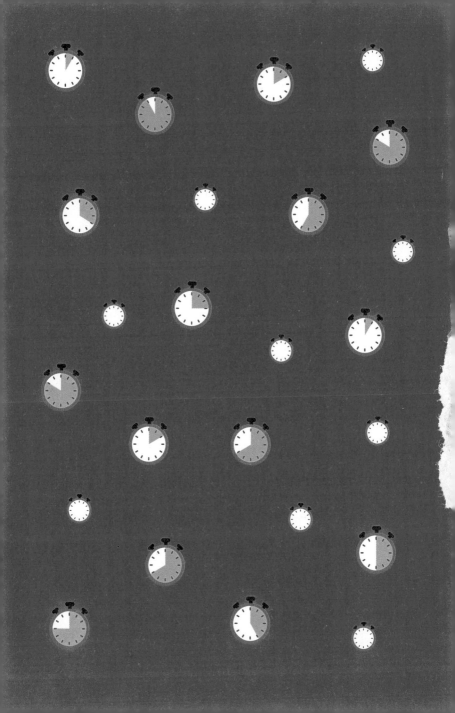

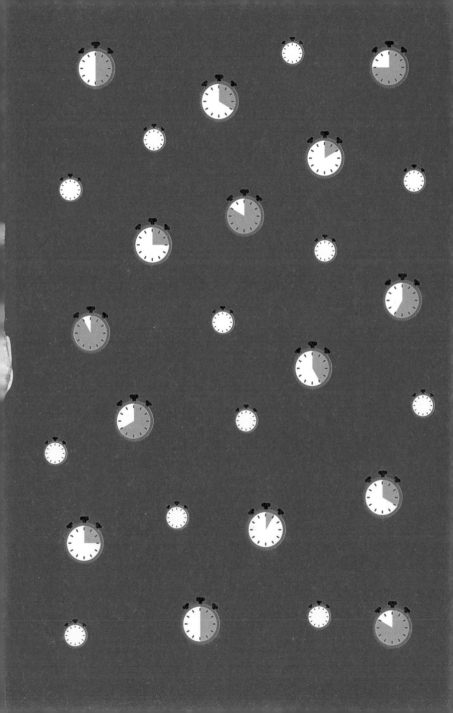

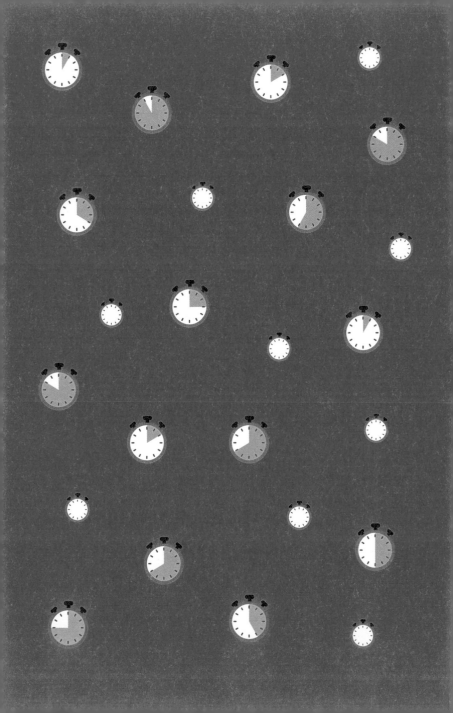

50대를 위한
# 시작하는 습관

시작하라, 실행하라, 그리고 성공하라!

# 50대를 위한
# 시작하는 습관

고바야시 히로유키 지음 | 홍성민 옮김

레몬한스푼

# 50대를 위한
# 시작하는 습관

1판 1쇄 2025년 1월 10일
1판 2쇄 2025년 2월 12일

글쓴이 고바야시 히로유키
옮긴이 홍성민

편집 김정우　디자인 레이첼　마케팅 용상철
인쇄·제작 도담프린팅　종이 아이피피(IPP)

펴낸이 유경희　펴낸곳 레몬한스푼
출판등록 2021년 4월 23일 제2022-000004호
주소 35353 대전광역시 서구 도안동로 234, 316동 203호
전화 042-542-6567　팩스 042-718-7989　이메일 bababooks1@naver.com
인스타그램 bababooks2020.official
ISBN 979-11-989363-1-8　03190

* 잘못된 책은 구입하신 곳에서 바꾸어 드립니다.

레몬한스푼은 도서출판 바바의 출판 브랜드입니다.

"새로운 출발은
언제나 새로운 기회를 가져온다."

― 메리 앤니스

# 100세 시대의 반환점을 돌며
# 터닝 포인트를 맞이하는
# 50대 전후 독자들의 '시작'을 응원하며

'오늘이 내 인생에서 가장 젊은 날'이라는 말을 저는 자주 합니다. 독자 여러분은 스스로 나이 들었다고 느낄지 모르 겠습니다. 그러나 5년 후에는 지금 나이 들었다고 느끼는 자신을 '그땐 젊었지'라고 생각하며, 오히려 부러워할 수도 있을 겁니다.

어쩌면 이는 당연한 일일지 모르겠습니다. 5년 전 여러분 의 모습을 떠올려보세요. 그 시절로 돌아갈 수 있다면 시도 해보고 싶은 일도 많고, 무슨 일이든 해낼 수 있을 것 같지 않나요? 지금의 여러분은 5년 후의 자신이 부러워할 '자기 자신'이며, 5년 후의 자신이 부러워할 '그 시간'을 보내고 있습니다. 무슨 일이든 시작하기에 지금, 이 순간이 최적의 시기라는 의미이기도 합니다.

『50대를 위한 시작하는 습관』이라는 제목이 넌지시 알려주듯, 이 책은 100세 시대의 반환점을 돌며 터닝 포인트를 맞이하는 50대 전후 독자들을 염두에 둔 기획의 결과로 나온 것입니다. '오늘이 바로 새로운 인생을 시작하는 첫날'이라는 의미를 담고 있지요.

"오늘은 내 인생의 가장 젊은 날이다! 오늘은 새로운 인생의 시작이다!"는 이 책의 중심을 관통하는 핵심 문장입니다. 우리는 흔히 '목표 달성 시점'과 '결과'만을 생각하는 경향이 있습니다. "앞으로 몇 년 후면 정년이다", "이 프로젝트는 몇 개월 후면 끝난다", "몇 년만 더 지나면 힘든 육아도 졸업이다"라는 식으로 생각하죠. 자기 나이를 의식해서 '앞으로 내가 몇 년이나 더 살 수 있을까'를 생각해보는 사람도 물론 있을 겁니다. 아무튼, 목표나 결과만을 생각하며 달리다 보면 어느 시점에는 허전함과 막막함에 짓눌리기 쉽습니다. 목표를 달성하는 순간을 상상하며 동기 부여도 해야겠지만, 결과만 생각하며 종착점을 떠올리다 보면 오히려 밝은 미래가 그려지기 어렵습니다.

저는 의학부 교수이자 변비 외과 의사로서 오랫동안 자율 신경을 연구해왔습니다. 인간의 자율 신경은 의식과 밀접하게 연결되어 있습니다. 마음이 쓸쓸하고 답답하면 자율 신경 상태가 나빠집니다. 반대로, 무슨 일이든 기대감과 희망을 품으면 자율 신경이 안정됩니다. 스트레스가 풀리고 컨디션이 좋아지죠. 게다가 감정 조절도 잘 되고 긍정적인 생각을 하게 됩니다. 이는 실제 연구 결과로도 확인된 사실입니다. 자율 신경이 안정되고 희망과 기대감을 품는 일은 우리 인생을 좀 더 건강하고 행복하게 해주는 중요한 요소입니다.

'오늘이 새로운 인생의 시작'이라는 마음가짐으로, 긍정적으로 생각하는 습관을 들이면 컨디션은 좋아집니다. 일도 술술 풀립니다. 인생이 편안하고 행복해집니다.


**'내 생애의 가장 젊은 날'이라는 기분으로 하루를 시작하라**

누구나 '시작'이라는 단어를 들으면 지금껏 하지 않았던, 뭔가 새로운 일을 해야 한다고 생각합니다. 낯선 분야의 학문을 공부하거나, 지금까지 담을 쌓고 지내던 SNS를 해보거나, 새로운 모임에 가입해 활동하는 걸 예로 들 수 있죠. 그런 유의 도전도 물론 좋습니다. 무엇이든 독자 여러분이 새롭게 해보고 싶은 일이 있다면 망설이지 말고 시도해보길 권합니다.

이 책이 말하는 시작은 '새로운 것'만을 의미하지는 않습니다. 예를 들어, 날마다 하는 일을 같은 사람들과 같은 장소에서 한다고 해보죠. 어제와 별 차이 없이, 신선한 느낌도 없이 그저 째깍째깍 돌아가는 괘종시계 바늘처럼 틀에 박힌 일을 하듯 할 것입니다.

앞에서 말한 이 책의 핵심 문장을 다시 떠올려봅시다. "오늘은 내 인생의 가장 젊은 날이다! 오늘은 새로운 인생의 시작이다!" 이 문장대로, 오늘이 내 인생의 가장 젊은 날이라는 사실을 알고 새로운 인생의 시작임을 깨닫는다면 여러분은 과연 어떤 기분으로 일하게 될까요? 어떤 얼굴로 직장 동료들을 대하고, 어떤 말로 그들에게 인사를 건넬까요? 적어도 어제와 같은 얼굴과 목소리로 그들을 대하지는 않을 겁니다.

'오늘이 내 인생의 시작'이라고 생각하는 습관, 이것이 바로 이 책의 주제이자 핵심 내용입니다. 날마다 이런 마음으로 생활할 수 있다면 더할 나위 없겠지요. 그러나 생각처럼 쉬운 일은 아닙니다. 하루도 빠짐없이 이런 마음으로 살아가기는 사실 거의 불가능합니다. 그러니 일주일에 한두 번이라도 '오늘은 내 인생의 시작'이라고 생각하며 살려고 노력하기를 권합니다. 이런 생각으로 하루를 시작하면 자율신경이 안정되고 혈액 순환이 원활해집니다. 집중력이 높아지고, 모든 일에 의욕적인 사람이 됩니다. 삶의 자세가 달라지고, 말과 행동이 긍정적으로 바뀝니다. 그리고 인생이 달라집니다.

### '시작하는 습관'을 포기하지 말라

'오늘이 새로운 인생의 시작'이라는 말에는 용기를 불어넣어주는 또 하나의 의미가 담겨 있습니다. 누구나 한 번쯤 무슨 일을 시작했다가 작심삼일로 끝낸 씁쓸한 경험을 해보았을 겁니다. 의욕적으로 다이어트를 시작했으나 실패로 끝나고, 야심만만하게 영어 회화 공부를 시작했으나 흐지부지되는 식이지요.

한번 시작한 일을 지속하지 못하거나 중간에 그만두어도 괜찮습니다. 저는 지금 독자 여러분에게 '지속하는 습관'을 권하는 것이 아니기 때문입니다. 여러분은 지금 『50대를 위한 시작하는 습관』을 읽고 있다는 점을 잊지 마시기를 바랍니다.

누구나 인생에서 가장 젊은 오늘, 뭔가를 새롭게 시작하고 싶다면 용기 내어 그걸 하면 됩니다. 힘든 상황을 만나 좌절하게 되지 않을지, 자기 능력의 한계를 느끼고 중간에 포기하게 되지 않을지 불안할 것입니다. 그러나 걱정할 필요가 없습니다. 다시 시작하면 되기 때문입니다. '시작하는 습관'을 포기하면 당신의 인생을 바꿀 새로운 하루를 맞이할 수 없습니다.

### "인생은 패자 부활전이다"

앞에서 저는 '시작'을 주제로 긍정적인 이야기를 주로 했습니다. 그런데 이 시점에서 한번 진지하게 생각해봅시다. 인생이 밝고 즐거우며, 긍정적인 일로만 가득할까요? 아니, 그렇지 않습니다. 우리의 인생행로에서는 힘든 일도 많이 일어납니다. 때론 견디기 어려울 만큼 고통스러운 상황에 맞닥뜨리기도 하지요.

의사인 저는 질병으로 고통받는 환자들을 매일 만나니

다. 일이 잘 안 풀려 답답해하고, 대인 관계로 힘들어하고, 가족 문제로 고민스러워하는 사람도 많이 있습니다. 그런 까닭에 독자 여러분 중에는 이 책을 읽어도 하루하루를 긍정적으로 시작해야겠다는 의욕이 안 생기는 사람도 있을 수 있습니다. 그럼에도 오늘을 '새로운 인생의 시작'으로 만들기 위해 노력해야 하는 이유가 있습니다.

2023년, 일본 전국 고등학교 야구 선수권 대회 결승전에서 센다이이쿠에이학원 고등학교仙台育英學園高等學校 야구부는 게이오 고등학교 야구부에 패배했습니다. 경기가 끝난 후, 센다이이쿠에이학원 고등학교 야구부의 스에 와타루須江航 감독은 이런 명언을 남겼습니다.

"인생은 패자 부활전이다."

그렇습니다. 우리의 인생은 마음먹은 대로 되지 않지요. 예기치 못한 일로 타격받아 상처를 입거나 좌절하는 순간도 많습니다. 그래도 고개를 떨구지 말고 위를 보며 털고 일어서야 합니다. 인생은 '패자 부활전'이니까요. 하는 일마다 성공하고, 모든 승부에서 이기며 승승장구하는 인생이란 없으니까요.

"오늘은 새로운 인생의 시작이다." 이 문장을 글자 그대로 받아들이기 힘들 때는 "인생은 하루하루가 패자 부활전이다"라고 생각해보면 어떨까요? 이렇게 관점을 약간 바꾸어 생각하면, 어제는 비록 '패자'였더라도 오늘 다시 새로운 게임이 시작됩니다. 그 새로운 게임에서 최선의 노력을 쏟아부어 승리로 이끌고 당당히 승리자가 되면 됩니다.

새로운 게임을 시작하려는 여러분에게 용기를 불어넣어주고 싶습니다. 그것이 바로 의사인 제가 여러분을 위해 할수 있는 역할이자 책무라고 생각합니다.


**이전 상태로 돌아가지 말고 새로운 컨디션을 만들기 시작하라**

코로나 팬데믹으로 인해 전 세계의 많은 사람이 3년 넘게 고통받았습니다. 간절히 만나고 싶은 사람을 만나지 못했고, 여행도 제대로 하지 못했으며, 일상생활에서도 말로 다할 수 없는 불편과 고통을 겪었습니다. 게다가 코로나바이러스에 감염되어 소중한 사람이 목숨을 잃는 일도 많았습니다.

언뜻 보면, 지금은 코로나 팬데믹을 모두 극복하고 이전의 생활로 돌아간 듯합니다. 과연 그럴까요? 그렇지 않습니다. 코로나바이러스가 전 세계를 휩쓸었던 3년이라는 기간은 절대로 짧은 시간이 아닙니다. 당시 엄청난 스트레스를 받은 우리 몸에는 여러 가지 이상 증상이 남아 있습니다. 실제로 '이상하게 몸이 무겁고 찌뿌둥한 날이 많다', '기분이 우울하다', '의욕이 나지 않는다', '집중력이 떨어져 한 가지 일을 오래 하기 어렵다', '체력이 저하되었다', '두통이 심해졌다' 등의 증상을 호소하는 사람이 많아졌습니다. 그 밖에 증상이 뚜렷하지는 않지만, 자율 신경의 균형이 깨져서 몸과 마음 상태가 안 좋아진 사람도 적지 않습니다.

자율 신경과 건강 관리법, 신체 이상 증상에 대처하는 방법에 대한 문의가 눈에 띄게 늘어났습니다. 돌이켜 보면, 2023년 여름 무렵부터였던 것 같습니다. 당시 TV와 라디오 등 여러 매체에서 출연 요청이 이어졌습니다. 이유를 물어보자, 외면적으로 생활은 코로나19 이전으로 돌아갔지만 신체 이상 증상을 호소하는 사람이 급증했다는 것이었습니다. 그런 이들은 하나같이 서로 약속이나 한 듯 '몸이 안 좋고, 기분이 우울하다', '마치 나 자신이 내가 아닌 것처럼 느껴진다'라고 호소했죠. 이는 그들만이 가진 개인적인 '느낌'이 아니라 의학적 연구를 통해 명백히 밝혀진 사실입니다.

질병 감염 시 증상이 가볍거나 중간 정도였던 사람 중에서 '미주 신경 손상'과 관련된 증상을 호소하는 사람이 3분의 2가 넘었다는 통계가 있습니다. 이는 스페인에 있는 한 의료 기관의 연구 결과입니다.

미주 신경은 부교감 신경의 일부입니다. 몸의 여러 기관과 연결돼 있어 미주 신경이 타격을 입을 때 각 기관에는 문제가 없어도 제대로 기능할 수 없게 됩니다. 그로 인해 신체의 여러 부위에 문제가 생길 위험성이 높아진다는 것이지요. 이 경우, 나른한 기분을 느끼게 됩니다. 앞에서 언급한 '나 자신이 내가 아닌 것 같은' 기분은 몸 전체를 관장하는 자율 신경의 균형이 깨졌음을 명확히 보여주는 표현입니다.

지금의 시대를 우리는 '애프터 코로나after Corona'로 규정할 수 있을 것입니다. 코로나 팬데믹 시기는 비록 지나갔지만, 많은 코로나바이러스 감염자가 여전히 우리 주위에 있습니다. 비록 지금 코로나에 걸리지 않은 사람이라도 언제 어떻게 감염될지 알 수 없습니다. 한 번 이상 코로나바이러스에 감염된 사람은 회복한 뒤에도 몸에 남아 있는 이상 증상을 인식합니다.

애프터 코로나 시대를 살아가는 현대인에게 꼭 전하고

싶은 메시지가 있습니다. 그것은 바로 이전 상태로 돌아가고자 무리하지 말고 지금부터 새로운 건강 상태, 새로운 컨디션 만들기를 시작하라는 것입니다. 건강을 되찾고 컨디션을 회복하는 일도 오늘부터 새로 시작하는 겁니다. 이 책이 여러분의 그 소중한 '시작'에 작게나마 도움 되기를 바랍니다.

# 자율 신경이란?

이 책에는 '자율 신경'에 관한 내용이 자주 나온다. 아니, 사실 자율 신경에 관한 내용이 대부분이라고 해도 지나치지 않다. 자율 신경을 제대로 이해하면 건강한 몸과 마음을 유지하고 컨디션을 회복하는 데 크게 도움 된다. 그러므로 여기서 잠시, 자율 신경에 대해 간단히 설명하고 넘어갈까 한다.

인간의 신체에는 손, 발, 입처럼 '스스로 움직일 수 있는 기관'과 혈관과 내장처럼 '스스로 움직일 수 없는 기관'이 있다. 이 중 자율 신경은 스스로 움직일 수 없는 기관을 관장하는 신경이다. 이는 글자 그대로, 몸 안에서 '자율적(자동적'으로 움직인다.

자율 신경은 '교감 신경'과 '부교감 신경'으로 나뉜다. 자동차에 비유하자면, 교감 신경은 '액셀러레이터'라고 할 수 있다. 이것은 몸을 활동적으로 만들어주는 역할을 담당하는데, 긴장하면 활성화한다. 부교감 신경은 '브레이크'의 역할을 맡아 우리 몸이 긴장을 풀 때 활성화한다.

교감 신경과 부교감 신경은 하루를 주기로 작동하는 사이클로 유지된다. 아침에 몸이 '활동 상태'에 접어들면 교감 신경이 우위에 선다. 밤이 되어 '휴식 상태'에 들어가면 부교감 신경이 우위에 선다. 이 규칙을 이용하는 것도 자율 신경을 안정화하는 방법이다. 예를 들어, 아침에 잠자리에서 일어나 햇빛을 쐬면 몸은 아침이라는 사실을 인식하고 '활동 상태' 스위치를 켠다. 이후 식사하고 나면 교감 신경은 좀 더 활성화한다.

'휴식 상태'인 저녁 시간에는 지나친 운동도, 늦은 시간까지 TV를 시청하거나 스마트폰을 보는 일도 피해야 한다. 교감 신경을 자극하기 때문이다. 따뜻한 물로 샤워하거나, 차분한 마음으로 하루를 돌아보거나, 일기를 쓰는 등 '휴식 상태'를 유지하는 것이 좋다.

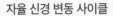

자율 신경 변동 사이클

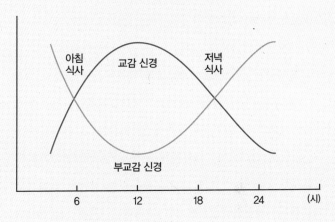

아침
식사
교감 신경
저녁
식사

부교감 신경

6    12    18    24    (시)

**혈액 순환은 '사고력'과 '감정 조절'에 영향을 준다**

　자율 신경은 혈액 순환도 담당한다. 혈액 순환은 몸 전체
의 컨디션을 유지하는 데 매우 중요하다. 혈액이 활발히 돌
지 않으면 몸 안에 산소와 영양이 제대로 공급되지 않는다.
이는 무릎, 허리, 목 통증의 원인이 된다. 뇌에 영양이 원활
히 공급되지 않으면 뭔가를 집중해서 생각하거나 감정을
조절하기 어려워진다.

　혈액 순환은 집중력과 사고력, 감정 조절과도 밀접한 연
관을 맺고 있다. 교감 신경이 지나치게 활성화하면 혈관이

수축해 혈액 흐름이 나빠진다. 반대로, 부교감 신경이 활성화하면 혈관이 이완되어 몸 구석구석의 모세 혈관까지 산소와 영양이 공급된다.

긴장하면 순간적으로 머리가 멍해져서 집중하기 어려워지거나 손끝이 차가워지는 경우가 있다. 교감 신경이 지나치게 활성화하여 혈관이 수축해 혈액 순환이 나빠진 탓이다. 그럴 때는 천천히, 심호흡해 교감 신경을 가라앉혀야 한다. 또한 부교감 신경을 활성화하여 혈액 순환을 도와주고 컨디션을 회복해야 한다. 이런 자율 신경 작용을 정확히 이해하고, 그것에 맞게 관리하면 날마다 좋은 컨디션을 유지하는 데 도움 된다.

### 자율 신경을 잘 다스리면 면역력도 높아진다

코로나 팬데믹 이후 '면역력'에 대해 알게 된 사람이 많아졌다. 면역력은 자율 신경, 그중에서도 특히 면역력을 관장하는 백혈구와 관련이 깊다. 백혈구에는 큰 이물질을 퇴치하는 '과립구'와 작은 이물질을 퇴치하는 '림프구'가 있다. 이들은 몸속에 침투해 들어오는 이물질과 싸운다. 연구 결과에 따르면, 이 과정에 교감 신경이 우위일 때는 과립구가 증가하고, 부교감 신경이 우위일 때는 림프구가 증가한다고 한다. 즉, 교감 신경과 부교감 신경이 적절히 작용하여 면역력이 높아져 몸속에 침투한 여러 이물질을 퇴치할 수 있다.

### 자율 신경도 나이를 먹는다

나이가 들면 누구나 몸이 무겁고, 어지럽고, 어깨가 결리는 등 다양한 이상 증세가 나타난다. 이런 유형의 노화 증상도 자율 신경과 관련이 깊다. 개인차는 있겠지만, 30세 이후부터 자율 신경 상태는 서서히 나빠진다. 보통 남성은 30대, 여성은 40대부터 부교감 신경 작용이 떨어진다.

나이 들수록 점점 약해지는 근력을 운동으로 보완할 수 있다. 이와 마찬가지로, 자율 신경 역시 생활 습관과 마음가짐에 따라 좋은 상태를 유지할 수 있다. 규칙적인 생활은 기본이다. 운동, 수면, 식사 습관에 특히 신경 써야 한다.

이 책은 자율 신경을 안정화하기 위한 습관을 소개하므로 자신이 당장 할 수 있는 일부터 실천해보자.

# 차례

## 제1장  첫발을 내딛는 습관

**제2장** **삶을 지혜롭게 꾸려가는 습관**

**제3장** **마음을 다스리는 습관**

제4장  기분에 휘둘리지 않는 습관

## 제5장　스트레스를 이기는 습관

## 제6장　사소한 일에 연연하지 않는 습관

**제7장  날마다 자신을 바꾸는 습관**

# 제8장 최상의 컨디션을 유지하는 습관

# 제9장 건강한 몸을 유지하는 식사 습관

제10장 삶의 균형을 유지하는 습관

제11장 인생을 풍요롭게 하는 생활 습관

제1장

# 첫발을 내딛는 습관

# '시작의 벽'을 낮춰라

제1장에서 전하고자 하는 메시지는 '일단 시작하자'다.

누구나 시작하는 일을 어려워한다. 영어 회화나 투자 공부를 하고 싶다고 생각만 하지 않는가? 자격증 시험에 도전해보자고 2~3년째 다짐만 하지는 않는가? 많은 사람이 '시작'하는 일에 어려움을 겪는다.

풍요로운 인생을 살고 싶다면 시작하는 습관부터 들여야 한다. 현상 유지만 하면 된다고 생각하는 바로 그 순간부터 노화는 시작된다. 세상은 하루가 다르게 변해간다. 똑같은 장소에서 아무 고민 없이 똑같은 일만 반복해서는 시대에

뒤떨어질 수밖에 없다. '시작의 벽'을 낮추는 것이 무엇보다 중요하다. 거창한 것, 새로운 것을 하지 않아도 된다. 계속하지 못해도 괜찮다. 일단 시작하는 습관을 들여라.

내일 당신은 무엇을 시작할 예정인가? 지하철역에서 엘리베이터나 에스컬레이터 대신 계단을 이용하기 시작하라. 직장 동료에게 큰 소리로 '안녕하세요', '고맙습니다' 하고 말하기 시작하라. 한 달에 한 권이라도 책을 사서 읽기 위해 퇴근길에 서점에 들르기 시작하라.

무엇이든 좋다. 계속하지 못해도, 효과가 없어도, 중요한 의미가 없어도 괜찮다. 일단 시작하는 습관을 들이는 것이 중요하다. 무얼 해야 좋을지 판단이 서지 않는 사람에게는 이 장의 내용이 힌트가 될 것이다. 어떤 일을 시작할지 진지하게 고민하며 이 장을 읽어보자.

# 책상부터 정리하라

새로운 일을 시작할 때 가장 먼저 무엇을 해야 할까? '책상 정리'다. 책상 위를 깨끗이 정리하는 일은 중요하다. 비유적으로도 그렇고, 실제로도 그렇다. 하고 싶은 일이 있지만 쉽게 손을 대지 못하는 사람도 있고, 어디서 어떻게 시작해야 할지 막막한 사람도 있을 것이다. 이런 이들에게 책상부터 시작해서 자기 주변을 깨끗이 정리하기를 권한다.

'공부해야지', '일해야지'라고 아무리 의지를 다져도 책상 위가 지저분하면 공부에, 일에 집중되지 않는다. 반대로 책상 위에 불필요한 물건이 없이 말끔히 정리돼 있으면 공부하고 싶고 일하고 싶은 마음이 절로 생겨난다. 어수선한 분위기에서도 쉽게 일이나 공부에 집중하는 사람도 있겠지만, 그런 사람은 극소수에 지나지 않는다. 무엇이든 시작하는 일에 어려움을 자주 겪거나 도무지 무얼 해야 좋을지 모르겠다면 주변 정리 정돈부터 해보자. 처음부터 완벽하게 정리하겠다는 거창한 목표를 세워서는 안 된다. 조금 부족해도 좋으니 일단 정리를 시작하는 것이 요령이다.

우선은 어질러진 펜과 메모지를 정리하는 것으로도 충분하다. 아무렇게나 놓여 있던 책을 책장에 꽂는 일만으로도 뿌듯해할 만하다. 이런 식으로 무엇이든 일단 하기 시작하면 어느새 그 많던 물건이 말끔히 정리돼 있을 것이다. "시작이 반이다"라는 속담대로, '시작의 벽'을 넘기만 하면 생각 이상으로 주위가 깨끗해진다.

정리된 책상 앞에 앉아 무엇을 할지 생각해보자. 기분이 전환되고 의욕이 나지 않는가? 뭔가에 열정을 쏟고 싶은 마음이 샘솟지 않는가?

## 필요 없는 물건은 버려라

정리 정돈할 때 유의할 점이 있다. 필요 없는 물건은 즉시 버려야 한다는 점이다. 무언가를 새롭게 시작하기 위해 정리하고 정돈할 때는 특히 그렇다. 자격증 취득을 목표로 했지만, 결국 합격하지 못해 다른 길을 택하는 상황을 예로 들어보자. 그럴 때는 지금까지 사용해온 참고서 등 모든 자료를 버려야 한다. '힘들게 공부했던 책이라 아까운데……', '혹시 나중에 쓸 일이 있지 않을까?', '추억으로 남겨두고 싶어' 등의 생각을 할 수도 있겠지만 과감히 버려라. 사람의 마음은 카멜레온처럼 상황에 맞게 적절히 바뀌는 것이 아니기 때문이다. 필요 없는 물건은 버려서 눈에 보이는 형태로 자신에게 각인시키지 않으면 기분도 쉽게 바뀌지 않는다. 연애가 끝난 뒤 연인에게 받은 물건을 전부 버리며 기분 전환하는 사람이 많다. 이는 이치에 맞는 행동이다. 물건을 버림으로써 기분이 달라지기 때문이다.

필자는 "정신적인 문제를 정신적으로 해결하려 하지 말라"라는 말을 환자들이나 지인들에게 자주 한다. 뭔가를 끝내고 다른 일을 하려고 할 때 기분을 전환하려고 애를 써도 마음먹은 대로 되지 않는다. '물리적인 행위'가 필요한 것은 바로 이 시점이다.

뭔가를 시작하려 한다면 사용 유효 기간이 끝난 물건을 과감히 버려라. 놓아버려라. 물리적으로 변화를 주면, 기분은 자연스럽게 바뀐다.

# 무턱대고 뛰어들지 말라

새로운 일을 시작하는 데는 두 가지 방법이 있다. 무턱대고 시도해보는 방법이 그 하나이고, 꼼꼼히 준비한 후 첫발을 떼는 방법이 다른 하나다. 자율 신경 전문가로서 필자는 후자의 방법을 권하고 싶다. 무턱대고 뛰어드는 용기는 가상하지만, 자칫 자율 신경의 균형이 흐트러지기 쉽기 때문이다. 이로써 몸의 움직임도, 뇌의 기능도 최상의 상태가 아니게 되어 균형이 깨질 위험성이 있고 성공 확률도 낮아질 수밖에 없다.

축구 시합을 예로 들어보자. 90분이나 120분 이내에 승부가 나지 않아 승부차기에 들어간다고 해보자. '나는 주장이니까'라고 생각하며 책임감을 느끼는 선수도 있을 것이다. '팀의 중심인 내가 나서는 것이 당연해'라고 생각하며 자원하는 선수도 있을 것이다. 감독은 선수의 의지와 열정을 중시해 그중 실제로 승부차기할 선수를 뽑을 것이다.

자율 신경의 관점에서 보면 사전에 감독은 치밀한 전략의 연장선에서 승부차기 선수를 정해두어야 한다. 승부차기 선수로 뽑힌 이는 경기 전부터 기술적·정신적으로 빈틈없이 준비해두어야 한다. 그래야만 육체와 정신이 안정된 상태에서 승부차기함으로써 최상의 결과를 만들어낼 수 있기 때문이다.

일본 스포츠계에는 "이유 없는 패배는 없다"(2020년 사망한 일본의 전 프로 야구 선수이자 지도자 노무라 가쓰야가 한 말-옮긴이)라는 유명한 말이 있다. 무슨 일에서든 패배한 데에는 저마다 나름의 이유가 있고, 승부차기에서 골을 넣지 못하는 데에도 합당한 원인이 있기 마련이다.

뭔가에 도전할 때 당연히 용기가 필요하다. 그러나 최고의 성과를 내기 위해서는 철두철미한 준비가 그 이상으로 중요하다.

# 귀찮은 일도 새로운 기분으로,
# '하루 30분'만 투자하라

이 책의 제목은 『50대를 위한 시작하는 습관』이다.

'시작한다'고 하면 뭔가 새로운 것을 해야만 한다고들 생각하는데, 그렇지 않다. 지금까지 해왔던 일을 새로운 기분으로 하는 것 역시 의미 있는 '시작'이다.

누구에게나 전혀 내키지 않거나 귀찮은 일이 있기 마련이다. 그런 일을 '하기 싫다', '번거롭다'라고 생각하며 아무런 의욕도 열정도 없이 틀에 박힌 듯 하는 사람이 많다.

이때 '시작하는 습관'을 떠올려보라. 일단 손을 멈추고 5~6회 정도 심호흡한 뒤 '딱 30분만, 새로운 기분으로 해보자'라고 마음을 고쳐먹기를 권하고 싶다.

필자 역시 외래 진료를 보는 상황에서 '앞으로 몇 명이나 남았지?', '언제쯤 끝날까?' 하고 생각할 때가 있다. 그런 마음가짐으로 일하면 오히려 시간이 더디 흐르고 업무가 빨리 끝나지 않는다. 집중력이 떨어져서 평소보다 더 긴 시간이 걸리기 마련이다. 내키지 않고 귀찮은 일일수록 '딱 30분만, 새로운 기분으로' 몰두해야 한다. 그러면 처음엔 30분 동안 집중하게 되다가, 차츰 길어져서 60분, 90분씩 하는 식으로 긴 시간 동안 집중력을 유지할 수 있게 된다.

날마다 별생각 없이 하던 일을 새로운 기분으로 하면 어떨지 생각해보라. 일상적으로 해오던 일도 새로운 마음으로 새롭게 대하면 하루하루 삶이 충실해지고 만족도가 높아진다.

# 다른 분야의 기술을 배워라

최근 들어 '리스킬링reskilling'이라는 말을 자주 듣는다. 이는 '새로운 분야의 새로운 기술을 습득한다'라는 의미로, 기업의 틀을 넘어 국가적 차원에서 장려하는 개념으로 볼 수 있다. 자율 신경 전문가로서 필자 또한 이 개념을 긍정적으로 받아들인다.

뭔가를 새롭게 배우면 생각이 긍정적으로 바뀌고 열정이 샘솟는다. 주위를 둘러보면 이를 쉽게 알 수 있다. 적극적으로 뭔가를 배우는 사람과 그렇지 않은 사람을 비교해보라. 확실히 전자가 긍정적이며 활력이 넘친다. 긍정적인 마음과 태도를 가진 사람은 몸 상태가 점점 좋아지고 하루하루를 충실히 살게 된다. 충만한 일상을 보내면 수면의 질이 좋아지고, 아침에 자리에서 일어났을 때 기분도 상쾌해진다. 그야말로 선순환이 이루어지는 셈이다.

특별히 새롭게 배우는 것이 없는 사람은 뭔가를 열정적으로 배워보기를 권한다. 배우려 하지 않는 사람은 현재의 상태에 만족하는 것이다. 그 순간, 노화는 시작된다.

'나는 배우고 싶은 게 없다', '무얼 배워야 할지 모르겠다'라는 사람도 있다. 부담감을 떨쳐내고 좀 더 가벼운 마음으로 생각해보자. '배움'이 반드시 직업으로 이어지지 않아도 괜찮다. 조금이라도 관심과 흥미가 있다면 무엇을 배우든 상관없다.

TV에서 농구 국가 대항전을 보고 관심이 생겼다면 농구를 배워보는 것도 고려할 만하다. 평소 대하드라마를 즐겨 시청한다면 역사 공부를 시작해보는 것도 좋은 방법이다.

의욕과 열정이 넘쳐나서 뭔가를 배우는 것이 아니다. 그보다는 뭔가를 열심히 배우다 보면 의욕이 생기고 열정이 샘솟는다. 그러니 고민을 떨쳐버리고, 일단 뭔가를 배워보자. 그것만으로도 당신은 날마다 더 나은 사람이 될 것이다.

# 신경 쓰이는 일을 노트에 적고
# 3일 안에 끝내라

신경 쓰이는 일이 있는데, 쉽게 손이 가지 않는다는 이유로 자꾸 미루는 사람이 많다. 이런 유형의 사람은 거실의 전구가 나갔는데, 하나 정도 불이 안 들어와도 그대로 지낸다. 당장 큰 불편은 없기 때문이다. 바람 빠진 자전거 바퀴에 공기를 채워야 하는데, 방치하는 일이 다반사다. 해결해야 할 서류가 산더미처럼 쌓여 있는데, 처리하지 않고 계속 미루는 일도 허다하다. 보내야 하는 메일과 우편물이 있는데, 손도 대지 않은 채 쌓아두는 일도 허다하다. 이런 식으로 꼽다 보면 그야말로 끝이 없을 정도다.

신경 쓰이는 일은 그 자리에서 바로바로 처리하는 것이 좋다. 실제로 그렇게 할 수 있는 사람이라면 문제가 없다. '지금 할 일을 습관적으로 뒤로 미루는 유형'의 사람에게 문제는 발생하기 마련이다.

신경 쓰이는 일을 방치하면 에너지가 흩어지고 집중력이 떨어지므로 좋을 게 하나도 없다. 그런 일은 3일이라는 시한을 정해두고 그 안에 처리하자.

먼저, 신경 쓰이는 일을 모두 노트에 적어라. 앞에서 언급한 종류의 일은 물론이고 '치과 검진', '계좌 이체' 등 마음에 걸리는 사항을 전부 기록하라. 그런 다음, 집중력을 발휘하여 3일 이내에 그 일들을 깔끔하게 처리하라.

이렇게 노트에 적어두면 해야 할 일과 처리 기한이 명확해진다는 장점이 있다. 친구와 식사하기로 약속한 상황을 예로 들어보자. 정상적인 사람이라면 이유 없이 약속 장소에 안 나가거나 미루지는 않을 것이다. 누구에게나 약속은 중요하기 때문이다. 사람들이 신경 쓰이는 일을 자꾸 뒤로 미루는 이유를 이런 맥락에서 생각해볼 수 있다. 그것은 바로 그 일을 언제까지 반드시 끝내야 한다는 명확한 기한이 없기 때문이다.

노트에 써서 기한을 정하고, 언제 실행할지 계획표나 진행표에 표시하자. 이 일만 잘해도 신경 쓰이는 일을 대부분 잘 마무리할 수 있다.

# 3일마다 작심삼일하라

"뭔가를 시작하기는 하는데, 계속하지는 못해요."

때때로 고민을 털어놓으며 이렇게 말하는 사람이 있다. 그러면 필자는 그에게 주저 없이 "당연한 일입니다"라고 대답한다.

위로하려는 것이 아니다. 사실을 말하는 것일 뿐이다. 한 번 시작한 일을 쉬지 않고 지속할 수 있는 사람은 드물다. 그런 사람은 지속하는 능력 자체가 매우 뛰어난 유형에 속한다. 반면, 필자를 포함한 보통 사람은 모두 의욕적으로 시작한 일이 작심삼일로 끝나기 쉽다.

뭔가를 시작하는 것만으로도 칭찬할 만하다. 그러지 못했다고 지나치게 자책하거나 고민하는 것은 좋지 않다. 자책하는 행위 자체가 자율 신경을 어지럽혀 컨디션이 나빠지기 때문이다. 더욱 나쁜 것은 계속하지 못했다는 부정적인 기억으로 인해 다음에 뭔가를 새롭게 시작하지 못한다는 점이다.

무슨 일인가를 새롭게 시작했는데, 계속하지 못했다? 그래도 괜찮다. 새로운 마음으로 다시 시작하면 되기 때문이다. 하던 일을 중간에 그만두었다? 그것도 괜찮다. '이건 나에게 맞지 않는군. 그렇다면 이제 다른 일을 해볼까' 하고 생각하면 된다.

'시작하는 습관'을 들이는 것이 중요하다. 중간에 멈춘다고 해서 큰일이 일어나지 않는다. 오히려 멈춰야 할 땐 멈추는 것이 바람직하다. 멈춘 지점에서 다시 시작하거나 새로운 일을 시작하는 것을 습관으로 만들면 된다.

다이어트, 공부, 산책, 일기, 영어 회화 등 처음에 마음을 단단히 먹고 시작했으나 어느 시점에 그만둔 일이 누구에게나 적어도 한두 가지는 있을 것이다. 의욕이 생긴다면 다시 시작해보라. 동영상 사이트에서 관련 동영상을 시청하는 것도 좋고 서점에서 책을 훑어보는 것도 좋다.

다시 강조하는데, 한번 시작한 일을 계속하지 못하는 것
은 정상이다. 그러니 '시작하기'를 멈추지 말라.

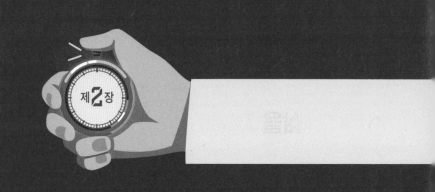

제2장

# 삶을 지혜롭게 꾸려가는 습관

# 스트레스를 피하지 말고
# 지혜롭게 맞서라

우리 생활은 스트레스를 주는 요소들로 넘쳐난다. 가방에 넣어둔 휴대전화기가 보이지 않는다. 집을 나올 때 문단속을 깜빡하지 않았는지 자꾸 신경이 쓰인다. 인터넷 뱅킹에 접속하려는데, 아이디와 비밀번호가 생각나지 않는다. 지하철 환승이 착착 이어지지 않는다. 이 밖에도 스트레스를 주는 상황은 셀 수 없이 많다.

작은 스트레스도 받지 않고 하루를 보낸다면 기적에 가까운 일이지 않을까? 1년에 한 번 있을까 말까 한 행운의 날이라 해도 지나치지 않다. 뒤집어 말하자면, 스트레스에서 완벽하게 벗어날 방법은 없다. 그러므로 자율 신경을 어지럽히지 않기 위해 우리가 취해야 할 기본자세는 '기대하지 않는 것'이다. 즉, 무슨 일이든 '그럴 수도 있다'고 받아들여야 한다.

스트레스에 속수무책으로 당할 수만은 없다. 제2장에서는 완벽하지는 않더라도 스트레스를 피하기 위한 지혜와 아이디어를 소개한다. 여기 나오는 항목 가운데 하나라도 제대로 실천한다면 스트레스를 받는 일이 눈에 띄게 줄어들 것이다.

또 하나, 중요한 점이 있다. 이 장에서 따로 언급하지 않더라도 스트레스를 느끼는 부분이 있다면 방치하지 말고 해결할 방법을 생각해보아야 한다는 점이다. 적절한 대책을 세우거나 받아들이는 방식을 바꾸는 등 고민해보는 것이다. 시행착오도 받아들이기에 따라 즐거운 일이 될 수 있다. 그런 마음가짐을 가진다면 스트레스도 두렵지 않다.

다시 정리해보자. 자율 신경을 어지럽히지 않기 위해서는 과도한 기대를 하지 않고 받아들여야 한다. 또한 스트레스 요인을 방치하지 않고 적절히 대응해야 한다.

# '말로 확인하기'로
# 자기 행동을 기억하라

'집을 나올 때 제대로 문단속 안 한 거 아냐?'

집을 나온 뒤 이렇게 혼잣말하는 사람이 많다. 문단속만이 아니다. 에어컨은 확실히 껐는지, 가스레인지 밸브는 잠갔는지, 혹시 중요한 뭔가를 깜빡 놓고 나온 건 아닌지 등집을 나설 때마다 우리는 많은 일이 신경 쓰인다.

필자도 마찬가지다. 심할 때는 한 달에 몇 번씩 다시 집으로 돌아가 제대로 문단속했는지 확인할 정도였으니 말이다. 대개는 쓸데없이 걱정한 셈이었지만, 자칫 사고로 이어질 위험성도 있으니 어쩔 도리가 없다.

생리학적으로, 나이가 들수록 '자신이 그 행동을 했는지 하지 않았는지 기억하지 못하는 경우'가 늘어나는 것은 당연하다. 젊을 때보다 인지 기능이 저하되어 자신이 한 행위를 또렷이 기억하지 못하기 때문이다.

말로 확인하는 절차가 필요한 것은 그래서다. 문단속했으면 "현관문, 잘 잠갔어"라고 자신에게 말하고, 에어컨을 껐으면 "에어컨, 껐어"라고 되뇌면 된다. 단순한 방법이지만 효과적이다. 무슨 일이든 생각 없이 하다 보면 기억하기 어렵지만, 입 밖으로 말하면 자신이 한 행위가 명확해지고 두뇌에 또렷이 각인된다.

요즘은 카드나 번호 키 형태의 잠금장치도 많아서 손가락으로 누르거나 카드를 대면 쉽게 문을 열고 잠글 수 있다. 이런 첨단기술 덕분에 생활은 매우 편리하지만, 기억하기는 더욱더 어려워졌다. 이런 상황에서도 "문, 잠갔어", "에어컨, 껐어"라고 말하면 자기 행동을 명확히 인식하게 된다. 편리한 세상을 사는 것과 반대되는 방법 같지만, 문단속을 놓친 게 아닌지 생각하며 스트레스받지 않아도 되니 좋은 일이다.

'말로 확인하기'를 꼭 시작해보자. 그리고 습관을 들이자.

# '가방과 파우치 색깔 바꾸기'로
# 인지 기능을 강화하라

사람은 나이 들수록 인지 기능이 떨어진다. 자연의 섭리이 니 거부할 수도, 저항할 방법도 없다. 자신이 조절할 수 없 는 부분은 있는 그대로 받아들이라고 조언해주고 싶다. 이 때 스트레스를 줄여 자율 신경을 어지럽히지 않는 것이 중 요하다. 그 방법의 하나가 '가방과 파우치 색깔 바꾸기'다.

혹시 가방에서 뭔가를 꺼내려 하는데, 아무리 찾아도 보 이지 않아 스트레스받은 적이 있는가? 휴대전화기가 보이 지 않아 '식당에서 점심 먹은 뒤 식탁 위에 두고 온 게 아닐 까?'라고 생각하는 순간, 자율 신경은 흐트러진다. 중요한 점은 실제로 잃어버리지 않았더라도 '잃어버린 게 아닐까?' 라고 생각하는 순간, 몸과 기분은 적잖이 영향받는다는 것이다. 그런 상황에 부닥치지 않으려면 가방 안에 물건이 있는데 찾지 못하는 상황을 만들지 않아야 한다. 가방과 파우치 색깔, 혹은 지갑과 정기권 케이스, 휴대전화기 케이스의 색깔을 제각각 달리하는 것은 이를 위한 효과적인 방법이다.

필자는 검은색 가방을 사용할 때가 많아서 가방 안에 넣는 파우치는 주로 밝은 주황색으로 고르는 편이다. 이렇게 하면 가방을 여는 순간, 선명한 색깔이 쉽게 눈에 들어온다. 가방이 화려한 색깔이라면 파우치나 지갑, 휴대전화기 케이스는 검은색이나 갈색처럼 어두운 것을 선택해서 사용하면 된다.

가방과 파우치, 지갑 등을 자신이 좋아하는 색으로 맞추는 사람도 있다. 그렇게 해야 기분이 좋아진다면 그것도 괜찮다. 그러나 '가방 안의 물건을 찾는 스트레스'를 조금이라도 느낀다면 가방과 대비되는 색깔로 바꿔보는 것도 좋은 방법이다.

다양한 방법을 사용해서 인지 기능 저하를 보완하며 기분 좋게 생활하려고 노력하라.

# '중요 정보 수첩'을
# 영리하게 활용하라

뭔가를 찾느라 허비하는 시간만큼 아까운 것도 없다. 그런데 의학 전문가인 나의 관점으로는, 물건을 찾지 못해 안절부절못하느라 자율 신경이 흐트러져 컨디션이 저하되는 것이 훨씬 더 큰 손해다.

최근 들어 많은 사람이 '중요하지만 자주 들어가지는 않는 사이트의 아이디나 비밀번호가 생각나지 않는다'라고 말하는 걸 종종 본다. 대개는 휴대전화기나 브라우저에 저장되어 자동으로 입력되지만, 그렇지 않을 때도 자주 있다. 이는 큰 스트레스가 아닐 수 없다.

이런 경험을 해본 적 있는 우리 모두를 위해 '중요 정보 수첩' 만들기를 권한다. SNS나 특정 사이트에 접속하기 위한 정보, 은행과 증권 관련 정보, 신용카드 번호 등 중요하지만 자주 사용하지 않는 정보를 수첩 한 권에 모두 망라해서 정리해두는 방법이다.

필자의 지인 중에는 아파트 우편함 비밀번호가 생각나지 않아 어쩔 수 없이 관리인이 출근하는 다음 주 월요일까지 열지 못한 채 지내야 했던 사람도 있다. 며칠 동안 얼마나 답답하고 속상했을까. 이런 일은 어찌 생각해보면 사소한 일일 수도 있지만, 자율 신경에 큰 영향을 미치는 셈이니 사소한 일만도 아니다.

중요 정보 수첩을 만들 때 기억해두면 좋은 요령이 있다. 그것은 바로 한 번에 모든 정보를 적어 넣어 완벽하게 만들려고 애쓰지 않아야 한다는 점이다. '지금부터 한 달에 걸쳐서'라는 식으로 마음의 여유를 갖고 만들어야 한다. 그런 다음, 특정 정보를 사용할 기회가 생길 때마다 조금씩 업데이트하면 된다.

미리 중요 정보 수첩을 만들어두면 '그 번호가 뭐였지?'라며 자주 답답해하거나 그걸 찾느라 아까운 시간을 허비

하지 않아도 된다. 이 작은 습관 하나만으로도 자율 신경을
어지럽히는 원인을 없앨 수 있다. 단, 그 수첩을 잃어버리지
않도록 주의해야 한다.

# 확인할 수 있는 것을
# 모두 확인하는 습관을 들여라

"저는 어딘가를 처음 가거나, 어떤 사람을 처음 만날 때 긴 장하는 편입니다."

이런 고민을 토로하는 사람도 있다. '처음'이라는 단어는 자율 신경을 어지럽히기 쉬운 요소 중 하나다. 그렇다면 사전에 철저히 준비해두면 어떨까? 예컨대, 처음 방문하는 장소에 갈 때는 미리 인터넷으로 알아보는 것이다. 가는 길을 찾아보고, 자동차로 갈 경우 주차장 유무와 요금, 주차장으로 들어가는 방법 등을 꼼꼼히 확인한다. 지하철을 이용한다면 환승 방법과 소요 시간 등을 체크한다. 요즘은 행선지의 교통 상황도 실시간으로 확인할 수 있다.

초면인 사람을 만날 때는 미리 상대방에 대해 자세히 알아두면 좋다. 이름을 검색해서 SNS를 확인할 수도 있고, 동영상으로 미리 상대방의 얼굴을 확인하고 음성을 들어보며 정보를 얻는 방법도 생각해볼 수 있다. 말하는 태도나 목소리 톤, 표정 등을 알면 대략적이나마 그가 어떤 사람인지 파악할 수 있기 때문이다. 만날 때 '당신의 동영상을 봤다', '오디오 방송으로 당신의 목소리를 들었다'라고 얘기하면 상대방도 자신에게 관심이 많다는 의미이니 좋아할 가능성이 크다. 그 연장선에서 대화도 자연스럽게 풀릴 테니 그야말로 일석이조다.

우리가 발을 딛고 사는 세상은 뭔가를 시작하기 전부터 많은 정보를 얻을 수 있는 곳이다. 어떤 장소에 처음 가거나, 어떤 사람을 처음 만나는 상황에서 지나치게 긴장하는 사람은 이런 점을 고려해서 '확인 가능한 것은 모두 확인하는 습관'을 들이면 좋지 않을까. 그렇게 하면 새로 얻게 된 정보로 만일의 사태에 대비하기도 좋고, '내가 할 수 있는 일은 모두 했다'라는 느낌이 자신감으로 이어진다.

한 가지 더 조언하자면, 시간 여유를 갖고 움직일 것. 아무리 열심히 사전 조사했다고 해도 약속 시간에 늦으면 긴장할 수밖에 없는 것은 당연하다.

# '페이스메이커 일'을 활용해
# 능률을 높여라

일에는 여러 가지 종류가 있다. 온종일 자료를 작성해야 할 때도 있고, 끝도 없이 미팅만 해야 할 때도 있다. 고객이나 거래처에 계획안을 제시하기도 하고, 연수를 받거나, 반대로 연수에 강사로 초대받기도 한다. 이 많은 일 중에서 '페이스메이커pacemaker가 되는 일'을 정해두면 도움이 된다.

사람마다 좋아하는 업무가 다를 수밖에 없다. 이 일을 하면 왠지 마음이 안정되는 것 같고, 기분이 전환되거나 집중력이 회복되는 듯한 일이 있다. 그런 일을 페이스메이커로 삼고 일정을 끌어올리는 것이다. 예를 들어 필자는 환자를 진찰하고, 연구하고, 논문을 쓴다. 또 TV와 라디오 방송에 출연하고, 강연도 한다. 책을 집필하고, 회의에도 자주 참석한다. 이 중에는 즐거움을 주는 일도 있고 그렇지 않은 일도 있다. 그중에서도 특히 강연을 좋아한다. 필자가 강연을 페이스메이커 일로 삼은 것은 그런 연유에서다.

페이스메이커 일이란 '설레는 일'과 비슷하다. 그러나 똑같지는 않다. 좀 더 정확히 말하자면, 중요한 일의 진행 속도와 몸 상태, 기분 상태를 적절히 조절하도록 돕는 일이라는 의미라고 할까.

강연하려면 청중의 숫자와 특성을 고려해 주제와 내용, 구성을 진지하게 고민해야 한다. 강연 날짜에 맞춰 건강 및 감정 관리도 필수적이다. 그 일련의 과정을 통해 컨디션이 회복된다.

당신의 일정에 페이스메이커를 지혜롭게 포함하라. 이로써 일의 흐름이 원활해지고 좋은 컨디션을 유지하는 데에도 도움이 된다.

# 평소와 다르게
# 뇌를 사용하는 습관을 들여라

뇌는 쓰면 쓸수록 활성화되는 독특한 기관이다. 평소에도 우리는 뇌를 사용하지만, 늘 같은 방식으로만 사용하는 까닭에 굳어버리기 쉽다. 의식적으로 평소와 다르게 뇌를 사용하려고 노력해야 하는 이유가 여기에 있다.

평소 퍼즐 맞추기를 하지 않는 사람은 퍼즐 맞추기를, 책을 읽지 않는 사람은 책을 읽으면 더욱더 도움이 된다. 소설만 읽는 사람이라면 학술적인 책을 곁들여 읽기를 권해주고 싶다. 라디오를 자주 듣지 않는 사람이라면 라디오나 오디오 방송을 종종 들어보는 게 좋다. 영어 단어나 한자를 외우고, 집중해서 글씨 쓰는 연습을 해보는 것도 효과적인 방법이다. 평소와는 다른 방식으로 뇌를 사용함으로써 적당한 자극을 주어 기분을 전환할 수 있다.

코로나 팬데믹 이후 집중력이 떨어졌다거나 멍하게 있을 때가 많다고 호소하는 사람이 적지 않다. 코로나에 걸린 사람은 물론이고 감염되지 않은 사람도 마찬가지다. 이는 강제로 마스크를 착용하고, 주위 사람들과 거리를 두기 위해 신경 쓰고, 오프라인상에서 사람을 만나지 못하는 채 온라인으로만 소통할 것을 강요받는 등 자기도 모르게 스트레스를 받았기 때문이다. 그렇게 계속 스트레스를 받으면 몸 안에서는 염증 반응이 일어난다. 그 축적된 스트레스가 몸 안에 남아 집중력이 떨어지거나 멍해지는 증상도 나타난다.

평소와 다른 방식으로 뇌를 사용해 자극을 주는 일은 앞에서 예로 든 모든 상황에 지혜롭게 대응하는 방법이다. 너무 진지하지 않게, 약간 가벼운 마음으로 시도해보자.

# 하루 중 한 시간을
# '나만의 이벤트'로 만들어라

'날마다 새로운 기분으로 지내려고 노력하라.' 이는 긍정적인 마음으로 건강하게 생활하는 방법 중 하나다. 예를 들어보자. 새 신발을 신고 외출하는 날은 기분이 좋다. 신발 하나만으로도 기분이 상쾌해져 긍정적인 마음을 갖게 된다. 의학적으로도 교감 신경이 활발해져 활기 넘치는 상태로 변한다. 반대로, 하루하루를 틀에 박힌 듯 지루하게 지내다 보면 '재미없다', '생활에 활기가 없다'라는 생각에 스트레스가 쌓인다.

이렇듯 기분과 자율 신경은 서로서로 영향을 준다. 그러나 매일 새 신발을 신고 외출할 수는 없는 노릇 아닌가. 날마다 하루 중 한 시간을 자기만의 이벤트로 삼는 일을 습관화할 필요가 있는 것은 그런 맥락에서다.

한 시간 동안 마음에 드는 카페에 앉아 커피를 마셔도 좋고, 좋아하는 음악에 심취해도 좋다. 아무리 사소한 일이라도 괜찮다. 그 일을 자기만의 이벤트로 인식하는 것이 중요하다.

지인 중에 드라마에서 본 후쿠야마 마사하루福山雅治(일본의 영화 배우, 가수-옮긴이)를 곧잘 성대모사 하는 사람이 있다. 그 드라마에서 후쿠야마 마사하루가 누구에게나 정중한 어투로 말하는 모습이 인상적이어서 따라 하기 시작했다고 한다. 참 독특하지만, 이런 일도 상관없다.

하루 중 한 시간을 자기만의 이벤트로 삼으면 의미 없이 흘러가던 평범한 하루가 특별한 날로 바뀔 것이다.

# 해결할 수 없는 문제에
# 집착하지 말라

사람들은 뭔가 문제가 생기면 어떻게든 해결해야 한다고 생각한다. 이런 상황에서 가장 먼저 생각해야 할 점은 뭘까? '자기 힘으로 해결할 수 있는 문제인가 아닌가'를 냉철하게 판단하는 일이다.

문제가 심각하다고 해도 자기 힘으로 해결할 수 없다면 고민할 필요조차 없다. 단번에 기분이 좋아지지는 않겠지만, '내 힘으로는 어쩔 수 없는 문제다'라고 소리 내어 말해 보라. 이 행위만으로도 어느 정도 기분이 나아질 것이다.

또 하나, 만회해보려고 지나치게 노력하지는 말라. 특히 대인 관계 문제에서는 만회해보겠다고 한 행동이 오히려 상황을 더 나빠지게 하는 경우가 자주 있다. 정말 사과해야 할 일이라면 해야겠지만, 아무런 대응을 하지 않는 것도 실생활에서는 나쁘지 않은 방법일 때가 많다. 우리는 압박감에 짓눌려 자꾸 뭔가를 하려고 한다. 그러나 아무 일도 하지 않는 것이 최선일 때도 있는 법이다.

필자는 만화를 좋아해서 자주 읽는데,《빅 코믹 오리지널》(일본의 만화 잡지─옮긴이)에 히미코卑弥呼(일본 고대 야마타이국의 여왕─옮긴이)의 이야기가 연재된 적이 있다. 이 만화에 다음과 같은 에피소드가 나온다.

어떤 의사 결정을 해야 하는 상황에서 찬성파와 반대파의 의견이 서로 부딪친다. 그러자 히미코는 '가만히 기다리는 것이 중요하다'고 생각하며 결정을 잠시 보류한 채 두 파의 사람들과 다른 의견을 말하는 제삼자의 등장을 기다린다. 그래야 어느 쪽이 진짜인지 판별할 수 있기 때문이다. 아무 일도 하지 않고 상황이 바뀌기를 기다리는 일 또한 중요한 결단임을 이 만화는 인상적인 에피소드를 통해 보여준다.

만회할 수 없는 일을 만회하려 애쓰지 말라.

# 가끔은 에둘러
# 돌아가는 습관을 들여라

이동은 누구에게나 만만치 않은 스트레스 요소다. 특히 지하철 안은 자율 신경을 어지럽히는 요소가 많다. 만원 지하철은 불쾌하기 짝이 없다. 여름철에는 냉방이 너무 강해 춥기도 하고, 겨울에는 사람이 너무 많아 몸에 송골송골 땀이 나기도 한다.

스트레스를 주는 요소 중 하나로 환승을 꼽을 수 있다. 누구나 한 번쯤 환승 열차가 오지 않아 발을 동동 구르며 기다리거나, 환승 플랫폼이 너무 멀어 짜증스러웠던 경험을 해보았을 것이다. 요즘은 앱 등을 통해 몇 번째 열차 칸의 몇 번째 출입문에서 내리면 환승 통로나 엘리베이터가 가깝고 편리하다는 유용한 정보를 얻을 수 있다. 그러나 필자는 그 정보를 활용하지 않고 일부러 환승하기 불편한 곳에서 내린다.

왜냐고? 이유는 단순하다. 어차피 환승해야 한다면 걷는 거리를 조금이라도 늘려서 운동 효과를 높이고 싶기 때문이다. 시간이 없을 때는 그럴 수 없지만, 여유가 있다면 걷는 거리를 늘리고 일부러 계단을 사용해 환승하는 것도 좋은 방법이다. 그것만으로도 운동 효과가 꽤 있기 때문이다. 또 스트레스를 받아 자율 신경이 어지러워지기 쉬운 상황에서도 오래 걸어 건강을 유지하는 데 도움 된다며 긍정적으로 받아들이게 되니 이보다 좋을 수는 없다.

매번 일부러 많이 걸으며 환승할 수는 없겠지만, 가끔 한 번이라도 실천해보자. 만족도가 높아질 것이다.

# 마음을 다스리는 습관

# 흐름을 통제하려 하지 말고
# 맡겨라

이 장의 주제는 '흐름'이다. 살다 보면 '흐름이 좋다'고 느낄 때가 있다. 일이 순조롭게 풀리고, 뜻밖의 만남으로 시야가 넓어지는 경험을 하기도 한다. 생각지도 못한 돈이 들어오거나, 즐거운 일이 차례로 일어날 때도 있다. 반면, 흐름이 나쁠 때도 있다. 인간관계에 뭔가 문제가 생기고, 아무리 노력하며 일해도 성과가 나지 않는다. 게다가 건강도 좋지 않다.

이 '흐름'을 의도적으로 바꿀 수는 없다. 흐름을 다른 말로 하면 '운運'이다. 매우 중요한 일이 사소한 운에 의해 결정되는 일은 역사의 현장에서도 셀 수 없이 많은 사례를 찾을 수 있다. 흐름을 거스를 수는 없지만, 흐름에 흔들려서 균형감각을 잃어서는 안 된다. 이것이 바로 필자가 이 장에서 전하고자 하는 내용이다.

누구든지 흐름이 좋을 때는 나쁘지 않은 컨디션으로 순조롭게 일하며 생활한다. 그러나 그 흐름이 끝나면 번아웃이 오거나 정신적으로 힘들어져서 우울증을 겪는 사람도 있다. 흐름이 나쁠 때는 몸도 좋지 않다. 그럴 때일수록 흐름의 영향을 받지 않도록 노력해야 한다.

흐름은 좋아지기도 하고 나빠지기도 한다. 당신이 흐름 자체를 통제할 수는 없다. 그러나 방법을 알면 흐름이 좋을 때든 나쁠 때든 균형감각을 유지하며 슬기롭게 대처할 수 있다.

# 일희일비하거나
# 성취감에 도취하지 말라

많은 사람이 인생에서 성취감을 중시한다. 뭔가를 이루어 내는 경험은 사람을 성장하게 할 뿐 아니라 자신감의 원천이 된다. 그러나 자율 신경의 관점에서 보면 성취감에 도취하지 않아야 한다. 이를 바꿔 말하면, 뭔가를 이뤄냈다고 해도 그것에 일희일비하지 않고 담담히 일상생활을 유지해야 한다는 의미다.

다만 오해하지는 말자. 어떤 목표를 위해 노력하고, 좋은 결과를 얻기 위해 최선을 다하는 것은 당연히 의미 있는 행위다. 뭔가 큰 프로젝트를 맡은 사람은 그 일을 성공적으

로 끝내는 것을 목표로 삼음으로써 열정을 끌어낸다. 자격
증 취득이나 실적 달성을 위해 최선을 다하는 사람도 있다.
이 또한 좋은 일이다. 그러나 이런 상황에서 맞닥뜨리는 문
제점은 목표를 달성했을 때 결정적인 전환점이 찾아오리라
생각하기 쉽다는 것이다. 그 결과, 쉽게 번아웃 증후군에 빠
지곤 한다.

자율 신경이 안정되어 좋은 컨디션을 유지하며 즐겁게
생활하고자 한다면 날마다 유쾌한 기분으로 지내려고 노력
해야 한다. 그러나 뭔가 커다란 전환점을 맞는다고 생각하
면 오히려 흐름이 나빠지기 쉽다. 자칫 이제까지의 좋은 흐
름을 멈추게 하거나 나빠지게 할 위험성이 있다. 필자는 좋
은 컨디션을 유지하기 위해 섣달그믐과 설날에도 병원에서
근무한다. 전환점을 만들지 않고 평소와 다름없이 담담한
일상을 지속하기 위해서다.

모두가 필자처럼 살 필요는 없다. 그러나 목표를 달성하
고 전환점을 맞이한 뒤에도 곧바로 다음 행동을 계속하는
습관은 매우 중요하다. 이것이 바로 흐름을 멈추지 않고 자
율 신경을 안정시키는 방법이다.

# 다른 사람의 평가에
# 연연하지 말라

누구나 다른 사람에게 좋은 평가를 받고 싶어 한다. 예컨대 직장에서 상사나 동료, 고객에게 좋은 평가를 받고 싶어 하는 것은 당연한 일이다. 그럼에도 조직 생활을 하다 보면 기대만큼 좋은 평가를 받지 못할 때도 적지 않다. 물론 일을 잘못했다면 속상하기는 해도 어쩔 수 없는 일이다. 그러나 성과를 냈는데도 그에 합당한 좋은 평가를 받지 못하기도 하고, 자기보다 성과가 좋지 않은 사람이 더 좋은 평가를 받기도 한다. 누구나 한 번쯤 그런 일을 겪어보았을 것이다. 그런 상황에서는 불만이 싹틀 수밖에 없다. 그러나 매사에 불만을 품기 시작하면 오히려 자신에게 해가 되기 쉽다.

당신의 기분은 이해한다. 조직은 원래 불합리한 일투성이니까. 사회는 그런 곳이다. 실력과 실적이 공정하게 평가되지 않고, 그때그때 다른 엉뚱한 요소에 의해 결정된다. 역사를 살펴보아도 이런 일은 비일비재하다. 지략과 용맹을 겸비한 천재라 할지라도 흐름이 좋지 않으면 원하는 결과를 얻기 어렵다. 일의 결과는 자신의 통제 범위 밖에 있기 때문이다.

자율 신경을 어지럽히지 않고 안정적으로 유지함으로써 제대로 성과를 내자면 통제 범위 밖에 있는 것들에 휘둘려서는 안 된다. '자신이 통제할 수 있는 것'에 꾸준히 주목해야 한다. 좀 더 노력해서 탄탄한 실력을 쌓고 지식과 경험을 축적해가야 한다.

다른 사람에게 어떻게 평가받을지는 그 후의 자연스러운 흐름에 맡겨야 한다.

# 흐름을 자기편으로 만들어라

흐름이 나쁠 때는 특히 사람을 미워하지 말라. 누군가를 험담하지 말고, 웃는 얼굴로 생활하려고 노력하라.

고백하건대, 필자도 성인군자는 아니라서 젊을 때는 그러지 못했다. 나보다 좋은 대접을 받는 사람은 미워했고, 뒤에서 마음에 들지 않는 사람을 놓고 험담도 종종 했다. 게다가 웃는 얼굴이라니, 당치도 않은 일이었다. 그러나 그렇게 한다고 해서 상황이 바뀌지는 않는다. 오히려 기분이 불쾌해지고 집중력이 떨어져서 실수가 늘어난다.

조직이든 사회든 대세는 흐름으로 정해진다. NHK가 도쿠가와 이에야스德川家康(일본 전국 시대를 통일한 인물-옮긴이)의 생애를 다룬 대하드라마를 방영했다. 2023년의 일이다. 이에야스만큼 성공적으로 세상의 흐름을 자기편으로 만든 인물은 없다. 그가 실력을 갖추지 않은 것은 아니지만, 흐름과 운에 따라 천하의 주인이 된 것 또한 분명한 사실이다.

도쿠가와 이에야스를 기리는 닛코 도쇼구日光東照宮(도치기현 닛코시에 위치한, 도쿠가와 이에야스의 위패가 있는 사당-옮긴이)에는 "사악한 것은 보지도, 말하지도, 듣지도 말라"라는 의미를 담은 '세 마리 원숭이'가 건물에 새겨져 있다. 이것이 바로 흐름을 기다리는 사람의 태도이자 방법이다.

자신에게 흐름이 오지 않을 때는 다른 사람을 미워하지 말고, 험담하지 말고, 웃는 얼굴로 생활하라. 이런 조언은 수행자에게나 필요한 것으로 생각할 수도 있다. 그런데 인생은 본래 수행이다. 좋은 흐름을 타고난 사람을 '대단하다'라고 진심으로 칭찬하는 사람이 일류다. 그렇게 행동하는 사람에게는 언젠가는 흐름이 찾아온다.

우리는 흐름을 통제할 수 없다. 그러나 누구를 만나든 늘 웃는 얼굴로 대하는 사람에게 좋은 일이 연이어 생기는 것은 자연의 섭리와도 같은 이치다.

# 흐름이 나쁜 시기에는
# 때를 기다려라

흐름이 나쁜 시기에는 '때를 기다린다'라는 감각을 지녀야 한다. 이럴 때는 최선을 다해도 소용없다. 좋은 평가를 받기 어렵다. 누구도 인정해주지 않는다. 자신이 할 수 있는 일을 담담히 해나간다고 해도 여전히 일의 결과와 다른 사람의 평가를 통제할 수는 없다.

흐름이 나쁜 시기에는 일이 잘 풀리지 않는다. '어떻게든 이기고 싶다', '성과를 내고 싶다'라는 마음에 악착같이 일하고 발버둥 쳐도 상황은 나아지지 않는다. 오히려 점점 더 나빠지기 쉽다.

이럴 때는 '지금은 흐름이 나쁘다'라고 있는 그대로 인정하고 받아들여라. 아무리 노력해도 좋은 결과를 얻을 수 없는 때가 있기 마련이다. 그럴 땐 현실을 받아들이고 이해하려고 노력하라. 흐름은 물처럼, 바람처럼 쉼 없이 변하기에 이를 거스르려 해서는 안 된다.

직장 내 인간관계가 원만하지 않고, 새로 발령받아 온 상사와 사사건건 맞지 않는 경우가 있다. 그런 상황에서 '그에게 좋은 평가를 받아야지', '사이좋게 지내야 해'라고 생각하며 열심히 노력해도 관계가 나아지지 않는다. 이런 상황에서는 쓸데없이 힘을 쏟을 필요가 없다. 오히려 모처럼 가족과 즐겁게 지내거나, 공부에 심취하거나, 취미를 즐기는 등 다른 일로 관심을 돌리는 편이 낫다.

이렇게 되묻고 싶은 사람도 있을지 모르겠다. '그럼, 상사가 바뀔 때까지, 혹은 내가 다른 곳으로 이동할 때까지 불편한 상황을 계속 참고 견뎌야만 할까?' 회사를 그만두거나 해서 자기 힘으로 상황을 뒤바꿀 선택을 할 수 있다면 그렇게 하면 된다. 그러나 실제로 그럴 수 있는 사람은 매우 드물다. 그렇다면 몇 년이든 불필요한 스트레스를 받지 않도록 주의하면서 때를 기다리는 게 낫지 않을까.

# 오늘을 이겨내라

필자가 만난 환자 중에 갑질이 심한 상사 밑에서 10년 넘게 일했다는 사람이 있었다. 자세히 들어보니, 같이 일한 사람들은 대부분 그만두었다고 한다. 마음의 병을 얻은 직원도 여럿이었단다. 그 상사는 이기적인 데다 제멋대로 행동하는 사람이었다. 누가 봐도 직장 내 괴롭힘이라고 볼 수밖에 없는 행위도 아무렇지 않게 저지른 듯했다.

나라면 바로 그만두었을 텐데, 당시 그는 그런 생각을 하지 않았다고 한다. 오히려 그 혹독한 경험을 통해 자신이 좀더 강해질 수 있었다고도 했다. 그는 '상사에게 도움이 되자', '좋은 평가를 받자', '상사와 잘 지내자'라고 생각하지 않았다고 했다. 그런 생각을 했다면 오히려 심각한 우울감에 빠지지 않았을까. 그는 그저 '오늘을 이겨내자'라는 생각으로 담담히 자기 일에 집중했다고 한다. 주말에는 기분을 전환할 수 있는 일정을 만들어 일시적이나마 복잡한 일과 못된 상사에게서 벗어나려 했다. 그것이 10년이라는 만만치 않은 시간을 견뎌낸 그만의 비법이었다. 그의 이야기를 들으면 들을수록 자신의 자율 신경을 어지럽히지 않는 방향으로 지혜롭게 처신했다는 생각이 들었다.

필자도 견디기 힘든 직장에 몸담은 적이 있고, 복잡하고 예민한 인간관계로 고민한 적도 있다. 그럴 때마다 만화 잡지 《주간 영 점프》, 《빅 코믹 오리지널》의 발간일을 기다리며 설레는 기분을 유지하거나, 좋아하는 음악을 듣거나, 누군가와 대화하는 등 즐거운 일을 하려고 노력했다. 어떻게든 흐름을 바꿔보자는 생각은 하지 않았던 것 같다.

그 환자도 자신이 맞닥뜨린 상황에 집착하며 스트레스를 받지 않았기에 힘든 상황을 잘 극복할 수 있었던 게 아닐까. 되도록 즐거운 일을 생각하며 오늘을 이겨내는 것. 자율 신경을 어지럽히지 않는 비법의 하나다.

# 흐름이 나쁠 때일수록
# 자신에게 주목하라

누구나 흐름이 나쁠 때일수록 주위를 둘러보게 된다. '이 사람은 상사와 사이가 좋은 것 같다', '저 사람은 실력도 없어 보이는데, 상사의 비위를 잘 맞춰서 출세한 거 아닌가?', '학창 시절 친구들이 다니는 직장은 내가 일하는 곳과 다르게 분위기가 좋은 것 같다', '저 사람은 집이 부자라서 쉽게 직장을 그만둘 수 있다', '나는 아이를 키우고 부모를 돌보며 일하는데, 저 사람은 자기 혼자만 책임지면 그만이다' 등등. 열거하자면 끝이 없다.

흐름이 나쁠 때 주위를 둘러봐봤자 기분만 나빠지고 컨

디션만 저하될 뿐 좋을 게 없다. 주위를 둘러보아서 자기 처지가 그들의 상황처럼 바뀔 수 있다면 좋을 것이다. 그러나 그런 일은 일어나지 않는다. 저 사람은 여건이 괜찮은데, 자신은 아니라는 생각에 우울감만 커질 뿐이다. 자신이 통제할 수 없는 상황을 의식하니 마음만 혼란스러워진다.

필자는 자율 신경을 어지럽히지 않는 기본적인 태도로 '기대하지 않는 마음가짐'을 자주 얘기한다. 이 세상에서 이유 없이 자신을 도와주는 사람은 없다. 자기 앞날은 자신이 헤쳐 나가는 수밖에 없는데, 흐름이 나쁠 때는 하늘도 도와주지 않는 것처럼 느끼기 쉽다. 그렇다고 다른 사람을 원망하거나 부러워하면 상황이 달라질까? 그럴 리가 없다. 흐름이 나쁠 때일수록 자신에게 주목해야 한다. 지금 자신이 할 수 있는 일은 무엇인지 진지하게 생각해보아야 한다는 얘기다.

가장 먼저 할 수 있는 일은 좋은 컨디션을 유지하는 일이다. 아침에 일어나 물을 한 잔 마시고, 1분 정도 심호흡하고, 산책하며 상쾌한 기분으로 하루를 시작한다. 그런 다음 영양가 있는 아침밥을 챙겨 먹고, 몸과 마음을 최상의 상태로 유지한다.

어떤 상황에서도 리듬감을 살리며 자기 페이스를 유지하는 사람이 가장 강하다. 자신이 할 수 있는 일을 차분히 해나가자. 흐름에 휘둘리지 않는 비법이란 바로 이런 것이다.

# 날마다 마법의 주문,
# '플러스마이너스 제로'를 외워라

'저 사람은 운이 좋은 것 같은데, 나는 아닌 것 같다'고 느낄 때가 있다. 그러나 필자는 누구든 인생은 결국 플러스마이너스 제로라고 생각한다. 얻는 게 있으면 잃는 것도 있는 법이다.

운이 좋아 보이는 사람도 알고 보면 엄청난 고통과 불행을 감추고 사는 경우가 얼마나 많은가. 지금 상황이 좋다고 해서 5년 후, 10년 후에도 반드시 그러리라는 보장은 없다. 반면, 불행한 시간을 보내고 있는 사람도 낙심하거나 다른 사람을 원망하지 않고 묵묵히 자기 할 일을 하다 보면 언젠가는 행운이 찾아온다. 비록 그 행운이 자신이 상상하던 것과 다를 수도 있겠지만, 그의 인생 전체를 조감해보면 역시 플러스마이너스 제로다.

플러스마이너스 제로. 이것은 자율 신경을 안정시키고 마음을 편안하게 해주는 마법의 말이기도 하다. 다행히도 지금 전반적으로 자신의 상황이 좋고 행운이 계속 따라준다면 그 어느 때보다 겸허해야 할 시기다. 괜히 우쭐하거나 교만해지지 않도록 조심하고 또 조심하며, 평상심을 유지한 채 감사하는 마음으로 하루하루 지내야 한다. 그렇게 함으로써 자율 신경이 안정된 상태에서 그 행운의 시기를 평안하고 행복하게 보낼 수 있다.

반면 스스로 불행하다고 느낀다면 다른 사람이 아닌 자기 자신에게로 시선을 돌려야 할 때다. 다른 사람과 자신을 끝도 없이 비교하거나, 남이 가진 것을 마냥 부러워하거나, 그들을 비난하고 원망하는 데 소중한 에너지를 허비해서는 안 된다. 자신이 처한 상황을 바르게 이해하고, 그저 담담히 할 일을 해야 한다.

한 가지 더, 가슴속에 희망을 품자. 인생이 플러스마이너스 제로라면, 지금 당신이 불행한 만큼 언젠가 그것을 상쇄

하고도 남을 만큼 큰 행운이 찾아올 것이다. 이런 희망을 버리지 않고 꾸준히 노력한다면, 머지않아 다음 행운이 당신 인생의 방문을 노크할 것이다.

# '대기 타석'에서 실력을 쌓아라

사람마다 인생이 그토록 다른 이유는 뭘까? 그것은 '불행한 시기를 어떻게 보내는가'에 달렸다.

흐름이 좋을 때는 겸손한 태도와 감사하는 마음을 잊지 않고 자신에게 다가온 흐름을 타면 된다. 이럴 때는 서로 큰 차이 없이 좋은 시기를 보낼 수 있다. 이 시기에는 모든 것이 순조롭게 흘러간다. 문제는 흐름이 나쁜 시기를 어떻게 보내는가다. 차이는 이런 상황에서 만들어진다. 비록 지금 상황이 좋지 않더라도 언젠가 다시 좋은 흐름이 찾아올 텐데, 그때 당신은 자연스럽게 그 좋은 흐름을 탈 수 있는 상태로 준비하고 있는가가 중요하다는 얘기다.

흐름이 나쁜 시기는 야구의 대기 타석(현재 타석에 있는 타자의 다음 타자가 대기하는 곳—옮긴이)에 있는 상황과 비슷하다. 대기 타석에서는 어떻게 해야 할까? 조만간 정식으로 타석에 설 때를 대비해 몸과 마음의 평형 상태를 유지하고, 가벼운 운동이나 전신 스트레칭 등으로 근육을 이완해주어야 한다.

자신이 가진 기술을 좀 더 향상하는 방향으로 노력해도 좋고, 다른 주제나 과제를 찾아 도전해도 좋다. 그 과정에 새로운 모임에 열정적으로 참여하며 인간관계의 폭을 넓힐 수도 있다. 자신을 둘러싼 흐름이 나쁘다고 푸념만 늘어놓으며 아무것도 하지 않는 사람은 자기 '타석'이 돌아왔을 때 좋은 기량을 발휘할 수 없다.

영국에서 유학하던 시절, 강의 시간에 독일인 교수님이 이런 말을 했다.

"결과는 아무도 빼앗을 수 없다."

여기서 말하는 결과란 다른 사람의 평가가 아니다. 그러면 뭘까? 부단한 노력으로 차곡차곡 쌓아 올려서 체화한 것을 의미한다. 말하자면 '내공'인 셈인데, 자기 안에 내공으로 쌓인 것은 절대 사라지지도 않고 누군가가 훔치거나 빼앗을 수도 없다.

실력을 쌓았다고 해서 그것을 마음껏 발휘할 수 있는 시기가 곧바로 찾아오지는 않는다. 그러나 자신이 쌓아둔 것은 그 누구도 빼앗을 수 없다. 흐름이 자기에게 왔을 때, 바로 그때 그 힘을 발휘하면 된다.

# 흐름이 나쁠 때는
# 몰래, 조용히 준비하라

지금 대기 타석에 있다면 자신의 현재 상태를 냉철하게 인식해야 한다. 당연한 얘기지만, 이 점을 명확히 의식하지 않으면 늘 최선을 다하면서도 제대로 보상받지는 못하고 있다는 생각에 마음이 혼잡해지고 기운이 빠진다.

당신은 물론 최선을 다한다. 열정도 충만하다. 그러나 안타깝게도 지금 당신이 있는 곳이 '대기 타석'이다. 그렇다면 스포트라이트를 받지 못하는 것은 당연한 일이다. 스포트라이트를 받기는커녕 사람들은 당신의 존재조차 제대로 알아채지 못한다. 그것이 자연스럽다. 대기 타석에 있는 사람이 활약해서 팀의 승리에 기여할 수는 없으니 말이다.

끊임없이 준비하되, 되도록 주위 사람이 눈치채지 못하게 하는 것이 좋다. 흐름이 나쁠 때는 자칫 대응하기 어려운 일이 발생할 위험성이 높기 때문이다. 당신이 최선을 다해 훈련하는 모습을 보고 잠재적 경쟁자가 시기하거나 발목을 잡을 수도 있다. 그렇게까지 하지는 않더라도, '너를 위해 하는 말인데……'로 시작해서 애정 어린 마음으로 조언한답시고 엉뚱한 말을 해서 훈련을 방해하거나 맥 빠지게 하기도 한다. 제 딴에는 도움이 될 거로 생각하고 그런 말을 하니 대처하기가 더욱 난감하다. 흐름이 나쁠 때 남몰래 조용히, 그러면서도 착실하게 훈련하고 미래를 대비하는 것이 좋다. 이 시기에는 아무도 알아주지 않고 제대로 평가해주지 않아도 괜찮다.

'추신구라忠臣藏'라는 이야기가 전해져 내려온다. 에도 시대, 아코번赤穗藩의 영주가 상급자 관료의 계략에 빠져 스스로 목숨을 끊자 그의 가신 47명이 주군의 복수를 하는 내용이다. 이때 그 수장 오이시 구라노스케大石內藏助는 주변의 경계를 늦추기 위해 난잡하게 생활하는 척 연기한다. 용의주도하게 준비하면서도 전혀 티를 내지 않아 '저 인간은 끝났

다', '무사 정신을 잃었다'라는 비아냥과 험담을 들을 정도
였다.

극단적인 얘기지만, 바로 그런 상황을 목표로 정진해야
한다. 적당한 시기, 자기만의 흐름이 왔을 때 활약하면 된
다. 지금은 아니다.

제4장

# 기분에 휘둘리지 않는 습관

# 단념하고 결단하라

제4장에서는 기분에 휘둘리지 않는 방법을 알아보자.

마음의 평형 상태와 좋은 기분을 유지하는 사람과 그렇지 못한 사람은 무엇이 다를까? '단념'과 '결단'에서 차이가 난다.

한때 『미움받을 용기』(기시마 이치로, 인플루엔셜, 2014)라는 책이 밀리언셀러 대열에 합류하며 많은 사람의 관심을 끌었다. 이 책은 내용도 훌륭하지만, 무엇보다 제목이 뛰어나다고 생각한다. 그도 그럴 것이, 미움받아도 괜찮다는 마음으로 '단념'하고 '결단'하면 인간관계에서 발생하는 대부분의 고민과 스트레스는 사라지기 때문이다. 문제는 그 '단념'과 '결단'이 쉽지 않다는 데 있다. 간단한 대처법을 익혀두거나 자기만의 규칙이나 기준을 정해두어야 하는 것은 그래서다.

당신은 앞으로 어떤 사람과 친밀한 관계를 맺고 싶은가? 어떤 사람을 중시하고, 어떤 사람과 거리를 두고 싶은가? 이런 질문에 일 초의 망설임도 없이 단호하게 대답할 수 있는 사람은 거의 없을 것이다. 만약 있다면, 그는 이미 단념과 결단의 달인이라고 보아도 좋지 않을까.

독자 여러분도 이 기회에 단념과 결단에 대해 한 번쯤 곰곰이 생각해보기 바란다. 앞으로 어떤 사람과 가깝게 지내고, 어떤 사람과 거리를 두어야 할까?

제4장에서는 지금 자신이 무슨 생각을 하는지, 무엇을 가장 주목하는지 등 '자신을 이해하는 일'에 대해 이야기하고자 한다. 정확하고도 객관적인 시선으로 자신을 바라보고 이해하는 일은 좋은 기분과 흐름을 유지하는 데 매우 중요한 요소다.

# 귀찮은 일일수록
# 천천히, 꼼꼼하게 마무리하라

누구에게나 귀찮고 하기 싫은 일이 있기 마련이다. 평소에는 그렇지 않은데, 유독 아무것도 하기 싫고 도무지 마음이 내키지 않는 날도 있을 것이다. 그렇다고 일을 안 할 수도 없다. 이럴 때 대개는 '얼른 해치워버리자'라고 생각한다. 이는 좋은 생각이 아니다.

귀찮으니까 서둘러 일을 끝내고 싶은 마음이 드는 것은 어쩌면 당연하다. 그러나 그런 마음으로 일하다 보면 일 처리가 엉성해지기 마련이다. '끝내고 싶다', '빨리 벗어나고 싶다'라는 생각에 사로잡히는 순간, 교감 신경은 지나치게 활성화한다. 그 결과, 실수는 늘어나고 감정 조절은 어려워진다. 이런 상황에서는 안절부절못하는 상태로 작업하게 될 수밖에 없다. 그렇게 의욕만 앞세워 일을 끝내다 보면 순간적으로는 성취감을 느낄 수 있을지 모른다. 그러나 자율 신경이 흐트러졌기에 급격히 피로가 몰려온다. 이렇게 되면 남은 작업에 나쁜 영향을 받을 수밖에 없다.

의학적인 관점에서 볼 때 귀찮고 사소해 보이는 작업일수록 천천히, 꼼꼼하게 끝내야 한다. '시간이 아깝다'라는 생각을 버리고 마음을 비운 채 일해야 한다. 평소 30분 정도 걸리는 작업을 한 시간 이상 걸려도 괜찮다고 생각하며 일해보면 어떨까? 그러면 집중력이 향상되고 자율 신경이 안정되어 부정적인 감정도 사라진다. 오히려 잡생각을 하지 않게 되고 담담하게 일에 몰두할 수 있다.

귀찮은 일일수록 시간이 아깝다는 생각을 버려라. 오늘부터 당장 실천에 옮겨라.

# '고맙다'는 말을 할 줄 모르는
# 사람과는 거리를 두어라

인간이 살면서 평균적으로 하는 고민의 90퍼센트 정도는 인간관계에 대한 것이다. 어떤 사람과 어떤 관계를 맺고 어떻게 지내느냐에 따라 스트레스 강도는 크게 달라진다. 당연하게도 자율 신경 역시 인간관계에 큰 영향을 받는다. 이 책을 빌려서 고백하건대, 필자는 스트레스와 자율 신경 관리를 위해 제대로 감사 인사하지 않는 사람과는 의식적으로 거리를 둔다.

누군가에게 뭔가를 해주었는데 '고맙다'라는 말 한마디가 돌아오지 않으면 기분이 개운하지 않다. 이에 공감하는 독자도 많을 것이다. 애초에 감사의 말을 듣고 싶어서 한 일은 아니지만, 상대방이 '고맙다'라는 말 한마디를 하지 않으면 기분이 안 좋을 수밖에 없다. 그렇다고 대놓고 불평할 수도 없고, 뒤에서 험담하거나 푸념해봤자 기분만 더 나빠지니 결국 자기 손해다. 객관적으로 인간관계를 판단해야 한다는 결론이 나올 수밖에 없는 것은 그런 연유에서다.

'고맙다'라는 말을 할 줄 모르는 사람과는 거리를 두어라. 물리적으로 거리를 둘 수 있다면 그렇게 하라. 그것이 힘들 때는 정신적으로라도 거리를 두어라. 그러면 다음에 또 뭔가를 해줄 수밖에 없는 상황에 맞닥뜨리더라도 '고맙다'는 말을 바라지 않게 된다.

정신적으로 거리를 두는 방법은 생각보다 효과가 크다. 기대 자체를 하지 않게 될 뿐 아니라 상대방을 바꾸려는 생각도 하지 않게 되기 때문이다. 나쁜 감정을 품고 불평이나 푸념을 늘어놓고 험담하느라 시간 낭비할 필요도 없다. 그저 단순히 거리를 두는 것이다.

감사 인사할 줄 모르는 사람과 거리를 두는 것은 필자의 경우다. 독자 여러분은 각자 어떤 이유로 어떤 사람과 어떻게 거리를 둘지 생각해보고 정해두길 권하고 싶다.

# 다른 사람을 바꾸려 하지 말라

필자는 '당신과 나는 같지 않다'라는 말을 자주 한다. 이런 관점과 태도야말로 대인 관계를 유지하는 비법이다. 냉정하게 자신을 돌아보자. 상대방을 자기 생각에 맞게 바꾸려다가 갈등을 빚은 경험이 있지 않은가? 코로나19 팬데믹 당시 사회적으로 화제가 됐던 '마스크를 써야 하느냐, 쓸 필요가 없느냐' 하는 논쟁도 이런 생각의 연장선에 있다고 볼 수 있다.

그뿐만이 아니다. 지하철 이용 매너, 가게 종업원을 대하는 태도, 일의 진행 방식, 메일 문구, 메신저 응답 타이밍 등

'나라면 이렇게 할 텐데……' 하며 다른 사람의 행동을 보고 안절부절못하거나 답답함을 느낄 때가 많다. 부하나 후배를 둔 사람이라면 '왜 이걸 안 하지?' 혹은 '왜 그런 일을 하지?'라고 생각하며 스트레스를 받기도 할 것이다. 육아에서도 마찬가지다.

물론 육아에는 적절한 주의와 지도가 필수적이다. 그러나 때로는 두세 번 지적해서 개선되지 않으면 포기하는 지혜도 발휘할 필요가 있다. 사람마다 가치관과 생각이 다른데, 다른 누군가를 어떻게 자기가 원하는 방향으로 바꿀 수 있겠는가?

상대방은 자신과 다른 또 하나의 인격체라는 점을 인정해야 한다. 기본적으로 사람은 바뀌지 않는다. 두세 번 조언했는데 바뀌지 않으면 앞으로도 바뀌지 않을 것으로 생각하는 편이 좋다.

또 하나, 되도록 다른 사람의 일에 관여하거나 간섭하지말아야 한다. 그런 방식은 이치에 맞지 않다거나 틀렸다는 생각이 들더라도 마음을 비우고 인정해야 한다. 자기 생각과 다르다고 해서 상대방이 실패하기를 바라는 마음에도 브레이크 페달을 밟아 당장 멈추어야 한다.

그 사람만의 방식으로 진행했는데, 다행히 별 탈이 없다면 그것으로 충분하다. 당신은 당신의 방식으로, 그 사람은 그 사람의 방식으로 각자의 인생을 살면 된다.

# 상대방에게 기대를 품지 말라

"도저히 용서할 수 없는 사람이 있는데, 생각하기만 하면 화가 나서 참을 수 없어요."

이렇게 말하며 필자에게 상담을 요청해온 사람이 있다. 아마도 그 둘 사이에 뭔가 심각한 일이 있었을 것이다. 이런 문제를 해결하기 위해서는 어떻게 해야 할까? 먼저, 자신이 상대방에게 어떤 감정을 품고 있는지 이해해야 한다. 화, 슬픔, 낙담 등이 그것이다. 그런데 이게 다가 아니다. '용서할 수 없다'라는 감정이 일어나는 것은 마음속 어딘가에 상대방에 대한 약간의 '기대'가 남아 있기 때문이다.

이런 사람과 얘기하다 보면 상대방이 자신에게 사과하거나 다른 식으로 보상해주기를 바라는 경우가 많다. 또 그렇게 생각하지 않더라도 상대방의 행동이 비상식적이며 비인간적이라고 느끼기도 한다. 즉, 상대방이 그런 자기 모습을 깨닫지 못하니 실망하고 분개하는 것이다.

이런 속내를 좀 더 깊이 들여다보면 결국 상대방에게 뭔가를 '기대'하고 있음을 알 수 있다. '좀 더 상식적으로 생각했으면……', '제발 사람답게 말하고 행동했으면……', '자신이 무슨 짓을 하는지 좀 깨달았으면……' 하고 바란다. 상대방을 용서할 수 없는 것은 그 때문이다.

이런 설명을 듣는다고 해서 상대방을 용서할 수 없을 것 같은 기분이 쉽게 사라지지는 않는다. 그럼에도 자신이 상대방에게 뭔가를 기대하고 있음을 이해하는 것은 중요하다. 소리 내어 말해보는 것도 자신이 그 점을 이해하도록 돕는 좋은 방법이다. 그 순간, 용서하지 못할 만큼 마음에 들지 않는 상대방에게 뭔가를 기대하는 일 자체가 이치에 맞지 않음을 깨닫게 된다.

'기대하지 않는다'는 말은 자율 신경을 안정시키는 마법의 용어다. 그 첫걸음은 '기대하는 자신'을 자각하는 일이다.

# 용기를 북돋아 주는 사람을
# 소중히 여겨라

"자신을 혼내는 사람을 소중히 여겨라"라는 옛말이 있다. 그 말을 잘 따라 행동을 조심하고, 더 나은 사람이 된다면 바람직하다. 그러나 항상 좋은 컨디션으로 일하고 생활하려면 '혼내는 사람'보다 '용기를 주는 사람'을 소중히 여기는 것이 좋다.

앞에서 필자는 되도록 다른 사람의 일에 관여하거나 간섭하지 말라고 조언했다. 그런데 누군가가 당신에게 다가와서 '당신은 이런 점이 잘못됐다', '앞으로 이렇게 행동해야 한다'라고 충고한다고 해보자. 그 사람의 충고가 옳다면 그나마 다행이다. 그러나 많은 경우, 그의 말이 맞는지 맞지 않는지조차 판단하기가 어렵다. 지금은 '정답이 없는 시대'다. 오히려 이런 시대에는 '자기 나름의 축軸'을 중시하며 살아가는 것이 중요하다. 각자의 의견과 가치관이 다른 것은 당연한 일이다.

이런 시대에 '당신은 나와 가치관이 다르지만, 당신은 당신의 신념대로 최선을 다하면 된다. 그 연장선에서 당신을 응원한다'라는 관점과 태도를 취하는 사람은 성숙한 사람이다. 그런 말을 들으면 누구나 '그래, 맞아! 내 생각과 내 방식으로 최선을 다하자'라고 생각하게 된다. 이로써 그는 스트레스를 받거나 자율 신경을 어지럽히지 않고 긍정적인 마음가짐을 유지하며 살아갈 수 있다.

당신과 가치관이 같은 사람도, 따끔한 지적으로 당신을 올바르게 이끌어주는 사람도 모두 귀하다. 그런데 어떤 상황에서든 당신의 생각과 의사 결정을 이해하고 받아들이며 격려해주는 사람은 더더욱 귀하다. 그런 존재가 당신에게 힘이 되어준다.

# 자신이 행운아라고 생각하라

'인생은 플러스마이너스 제로'는 이 책의 중심 주제 중 하나다. 일시적으로 운이 따르는 사람, 운이 없는 사람이 있다. 그러나 장기적 관점으로 보면 플러스마이너스 제로다. 정말 그렇다.

　직업의 특성상 필자는 사람의 마지막 순간을 지켜볼 때가 많다. 사업에서 성공해 큰돈을 벌고 화목한 가족을 이룬 사람이 젊은 나이에 치명적인 병에 걸려 사망하는 일도 드물지 않다. 그런 소식을 접할 때마다 누군가의 인생을 쉽게 판단해서는 안 된다는 생각이 든다. 지금 당신은 자신을 어떤 관점으로 바라보는가?

만약 당신이 고시엔甲子園(효고현에 있는 야구장. 이곳에서 열리는 전국 고교 야구 대회를 흔히 고시엔이라고 한다 – 옮긴이)에 출전했다고 해보자. 9회 말 마지막 상황에서 상대 팀 타자가 친 공이 당신을 향해 날아온다. 평범한 땅볼로, 이 공을 처리하면 당신의 팀이 승리하고 우승컵을 품에 안게 되는 상황이다. 그런데 갑자기 공이 럭비공처럼 불규칙하게 튀는 바람에 실수를 저지른다. 그리고 그 결과, 당신의 팀은 시합에서 패한다. 이런 상황에서 당신은 어떤 생각을 할까?

'지지리도 운이 안 좋았다'라는 생각이 당신의 머릿속을 지배할 것이다. 이런 상황에서 한 번쯤 달리 생각해보자. 수많은 선수가 승리나 우승은커녕 고시엔의 무대에 서보지도 못했다. 그중에는 당신보다 실력도 뛰어나고 더 많은 노력을 기울였음에도 고시엔의 흙을 밟아보지 못한 선수도 있을 것이다.

어쩌면 지금 당신은 자신에게 닥친 불운을 탓하며 힘들어하고 있을지 모르겠다. 그러나 관점을 바꿔서 생각해보면, 오랫동안 이런저런 행운이 쌓여 지금의 자리에 서 있다고 할 수도 있다.

물이 반쯤 담긴 물컵을 놓고 어떤 이는 반이나 남았다고 말하고, 다른 어떤 이는 반밖에 안 남았다고 말한다. 이와 마찬가지로, 누군가는 행운도 불행으로 느끼지만 다른 누군가는 불행도 행운으로 느낀다. 결국 자신이 무엇에 주목하느냐에 달렸다. 더 나은 삶을 살고 싶다면 당신이 누리는 행운에 주목하라. 그런 관점과 태도를 취할 수 있는가에 따라 인생의 많은 것들이 달라진다.

제**5**장

# 스트레스를 이기는 습관

# 몸 건강을 먼저 챙겨라

당신은 지금 스트레스를 받아 답답하고 초조한 상태다. 그러나 당신은 그 근본 원인을 제거하거나 문제를 해결하기 어려울 것이다. 왜일까? 자기만의 대처법을 갖고 있지 못하기 때문이다. 어떤 심각한 문제에 맞닥뜨리든 자기만의 대처법을 가지고 있다면 결국 문제는 해결된다. 답답한 마음이나 초조함도 자연스럽게 사라진다.

자율 신경을 어지럽히지 않기 위해서는 '기대'하는 마음을 버려야 한다. 완벽한 생활을 추구하지 않는 것이 무엇보다 중요하다. 무인도에서 혼자서 살지 않는 이상 인간관계에는 필연적으로 문제가 생길 수밖에 없다. 가정에서든 직장에서든 마찬가지다. 의도하는 대로 일이 풀리지 않는 것은 당연하다. 사람들은 '밝고 건강하게'라는 표현을 흔히 사용한다. 그러나 일과 인간관계에서 기분 나쁜 일이 있음에도 아무 일도 없다는 듯 '밝게' 행동하기란 말처럼 쉽지 않다.

이런 상황에서 우리는 '건강만은 잃지 말자'라고 생각해야 한다. 활기 넘치는 상태까지는 아니더라도 몸과 마음 상태만은 건강하게 유지해야 한다는 의미다. 스트레스를 많이 받아 딜레마에 빠진 듯한 상황이 지속될수록 '건강만은 잃지 말자'라는 생각을 잊지 말자.

제5장에서는 '기분이 안 좋을 때는 위를 본다', '분위기 좋은 사람들이 모여 있는 장소에 간다' 등 건강한 몸과 마음을 유지하기 위한 구체적인 방법을 소개한다.

정신 문제는 정신으로 해결하려 하지 말고 몸으로 해결해야 한다. 당신은 늘 시간에 쫓기고, 정신적으로 피곤한 일상을 보내고 있는가? 만약 그렇다면 우선 식사부터 제대로 챙기고 틈나는 대로 짧게나마 꾸준히 운동하라. 잠들기 세 시간 전에는 식사를 마치고 따뜻한 물로 몸을 씻는 등 건강을 유지하기 위해 노력한다면 차츰 컨디션이 좋아지고 마음의 안정도 되찾을 수 있다.

　이 장에서는 자기 감정을 제대로 이해하는 방법과 스트레스에 대처하는 기술 등을 알아보자.

# 스트레스를 이기는 경험으로
# 스트레스를 극복하라

원칙적으로 스트레스는 적으면 적을수록 좋다. 다만, 스트레스가 전혀 없는 상태는 오히려 좋지 않다. 왜냐고? 뇌와 세포, 몸의 기관이 쇠퇴하기 때문이다.

몸에는 적당한 자극과 부하가 필요하다. 그래야만 면역력이 활성화되고 강화된다. 인생을 살면서 스트레스를 극복한 성공 경험을 떠올려보라. 자신에게 역부족인 업무를 맡아 시나브로 압박감이 심해져 결국 무너질 것 같은 상황에서 일해본 경험이 누구나 한 번쯤 있을 것이다. 이런 상황에서는 엄청난 스트레스가 뒤따를 수밖에 없다. 그러나 이런 경험이 무익하기만 했을까? 그렇지는 않을 것이다. 그 덕분에 새롭게 얻은 경험과 노하우, 기술이 분명히 있을 것이기 때문이다. 또한 자신감이 생기는 등 인생에 도움이 된 면도 있을 것이다.

지금 심각한 스트레스를 받는 사람은 자신이 스트레스를 극복한 경험을 떠올려보라. 당장은 괴로워도 이 상황을 극복하면 한 단계 성장한 자신과 좀 더 나은 인생이 기다릴 것이다. 그러나 이는 자신이 감당할 수 있는, 적정 정도의 스트레스가 가해질 때의 얘기로, 스트레스가 지나치게 크다면 얘기가 달라진다.

스트레스의 정도는 아침에 일어났을 때의 기분과 몸의 나른함으로 판단할 수 있다. 아침인데, 기운이 없어서 일어날 수 없다면 스트레스가 심한 것이다. 하루 정도면 몰라도 닷새나 일주일 정도 그런 날이 계속된다면 직장 상사나 전문의와 상담해보길 권한다. 스트레스를 느끼기는 해도 수면에 별문제가 없고, 아침에 일어났을 때 '오늘도 잘해보자!'라는 마음과 의욕이 생긴다면 아직 괜찮다.

# 다른 사람보다
# 자신을 중심에 두어라

자기 자신보다 상대방을 먼저 생각하다가 스트레스를 받는 사람이 우리 주위에는 의외로 많다. 점심 식사 메뉴를 늘 상대방의 의견에 맞추거나, 자신도 바쁘지만 누군가가 도움을 요청하면 거절하지 못하고 마지못해 도와주거나, 사실은 가고 싶지 않은데 다른 사람의 체면을 세워주기 위해 회식에 참석하는 식이다.

생각해보자. 조금 냉정한 말일 수는 있지만, 과연 이런 행동이 진정한 의미에서 상대방을 배려한 데서 나온 것일까? 물론 상대방의 바람대로 행동한 것일 수는 있다. 그러나 '자기 자신'을 우선시하는 기분에서 완전히 도망칠 수는 없었다는 점에 주목해야 한다. 진정으로 상대방을 배려했기 때문이라고 보기는 어려운 것이다.

상대방을 배려하는 행동은 훌륭하다. 자신을 우선시하지 않고 상대방을 생각하는 행동은 자율 신경을 어지럽히지 않는 본보기와도 같은 행위다. 그러나 그런 자신에게 답답함을 느낀다면 '좀 더 나 자신을 우선시하고 싶다'라는 생각이 있기 때문이다. 그런 자신의 감정을 정확히 이해해야 한다. 그 감정을 느끼는 상황을 어떻게 개선할 것인지는 일단 제쳐두자. 자기 마음이 답답한 원인을 정확히 간파하기만 해도 기분이 나아지기 때문이다.

만약 이 단계까지 왔다면 그 후로는 어떻게 할지 생각해 보자. 상대방을 우선시하는 태도와 행위를 멈추고, 자기 자신을 중심에 둔 채 행동할 수 있겠는가? 만일 그렇다면 그렇게 하면 된다.

주변 상황이나 자신의 기질 등 다양한 이유로 그렇게 하기 어려울 수도 있다. 그렇다면 자신이 그런 감정이 드는 이유를 명확히 이해하고, 심호흡하거나 산책하며 자율 신경을 안정시키는 수밖에 없다. 이는 당신이 기대하는 것보다 훨씬 효과적이다. 자기 감정을 정확히 이해하기만 해도 기분은 나아진다.

# 기분 좋은 상태를 유지하라

자율 신경 상태는 민감하게 전염된다. 이는 당연한 이야기다. 만일 지하철에서 어떤 사람이 고래고래 소리 지르며 화를 내면 주위 사람 모두 그 영향을 받아 자율 신경이 흐트러진다.

　대화를 나누면 왠지 기분이 차분해지는 상대방이 있다. 같은 맥락에서, 그의 자율 신경은 당신에게 커다란 영향을 미친다. 그 연장선에서 걱정거리로 기분이 좋지 않을 때는 신경질적인 사람이나 매사를 비관적으로 보는 사람과는 되도록 만나지 않는 것이 좋다. 같이 있으면 기분이 더욱 나빠지고 자율 신경이 흐트러질 위험성이 있기 때문이다.

매사에 긍정적인 사람을 만나면 상황은 바뀌지 않아도 그 사람에게 좋은 영향을 받아 당신의 기분도 밝고 가벼워진다. 실제로 자율 신경 상태가 변하기 때문이다.

이런 이유에서 필자는 왠지 몸이 피곤하거나 기분이 착 가라앉을 때는 마음에 드는 카페에 간다. 좀 더 구체적으로, 손님들이 즐거운 얼굴로 책을 읽거나 열심히 일하는 등 저마다 자유롭고도 편안한 시간을 보내는 북카페를 자주 찾는다. 그 공간이 지닌 힘과 매력도 빼놓을 수 없지만, 그보다 더 매력적인 것은 그곳에 모이는 사람들이 뿜어내는 긍정적인 분위기다.

긴장을 풀고 있지만 단순히 쉬는 것이 아니다. 교감 신경을 활성화한 채 업무에 집중하는 사람이 많아 긍정적인 영향을 받는다. 당신의 교감 신경을 활성화하고 좀 더 나은 생활을 하고 싶다면 북카페처럼 매력적인 사람들이 모이는 매력적인 장소를 찾고 이용하는 습관을 들이라고 권하고 싶다.

# 기분이 안 좋을 때는 위를 보라

직장 일, 가정 문제, 인간관계 등으로 스트레스를 받으면 기분이 안 좋을 수밖에 없다. 필자가 자주 강조하는 말이 있다. "정신적인 문제를 정신으로 극복하려 애쓰지 말 것". 기분이 안 좋을 때는 무작정 기분을 좋게 바꾸려 하지 말고, 물리적인 방법을 사용해 구체적으로 접근해야 한다. 이를 위한 간단한 행동을 소개한다. 바로 '위를 보는 것'이다.

기분이 안 좋을 때는 서 있을 때나 앉아 있을 때나 '위'를 보자. 이 행동만으로도 기도가 일직선이 되어 공기가 몸 안에 들어가기 쉬워진다. 실제로 기관에 삽관할 때는 반드시 턱을 위로 들어 기도가 일직선이 되게 해야 한다. 정면을 볼 때는 기도가 구부러져 공기 흐름이 원활하지 않다. 위를 보면 신체 구조상 산소를 받아들이기 쉬워진다. 이로써 자율 신경이 안정되고 감정 정리도 쉬워진다. 위를 보며 낙담하거나 안절부절못하는 사람은 없다. 깡충거리면서 슬픔에 빠질 수 없듯, 위를 보는 행위만으로도 마치 조건 반사처럼 기분이 좋아진다.

반대로, 아래를 보면 기분이 가라앉고 우울해진다. 오래전에 발표된 노래 중에 <위를 보고 걷자>上を向いて歩こう(1961년 발표된 일본 가요. 힘든 상황에서 눈물이 떨어지지 않게 위를 보고 걷자는 내용 ─ 옮긴이)가 있다. 자율 신경 전문가의 관점에서 보면 매우 훌륭한 곡이 아닐 수 없다. 마음이 슬프고 자꾸 눈물이 나려고 할 때는 위를 보고 걷기를 권한다. 바로 그 순간, 당신의 자율 신경은 안정되기 시작한다.

# 누군가에게 말하면서
# 생각을 정리하라

"큰 실수를 하거나 안 좋은 일이 생기면 쉽게 기분 전환이 안 돼요"라고 말하는 환자를 만날 때가 있다. 이런 상황에 대처하는 방식은 여러 가지다. 일단 계단을 걷거나 심호흡하기를 권한다. 앞에서 말한 대로, '몸만이라도 건강해지자'라고 의식하는 것도 한 가지 방법이다. 여기에 또 한 가지를 더한다면, '누군가에게 말하기'다.

필자는 아이디어가 떠올랐을 때, 혹은 뭔가 안 좋은 일을 만나 답답할 때 바로 그 자리에서 누군가에게 말하려고 노력하는 편이다. 입 밖으로 소리 내어 말하다 보면 상황이 객관적으로 정리된다. 그로 인해 아이디어의 실효성이 판단되기도 하고, 나의 기분 또한 차분한 마음으로 바라볼 수 있게 된다.

누구에게 말해야 할까? 기본적으로, 쉽게 심각해지지 않는 낙천적인 성격의 사람이 바람직하다. 당신을 시종일관 걱정해주거나 이야기 나누는 도중에 같이 우울해지는 사람은 일단 제외하는 것이 좋다. 그런 마음은 고맙지만, 자칫 서로 상승작용을 일으켜 자율 신경이 흐트러질 위험성이 있기 때문이다.

또 한 가지 중요한 점은 실제로는 그렇지 않더라도 "심각한 문제는 아닌데……" 하고 가볍게 말을 꺼내는 것이다. 스트레스 정도는 우리가 받아들이는 태도와 방식에 따라 결정된다. 똑같은 일이 벌어지더라도 어떻게 받아들이냐에 따라 별것 아닌 상황으로도, 그와 반대로 대단히 심각한 상황으로도 느낄 수 있다.

평소 고민이 많은 사람은 문제를 심각하게 인식하는 경향이 있다. 그러므로 더더욱 "심각한 문제는 아닌데……" 하고 말을 꺼내는 습관을 들이자. 그것만으로도 기분이 가벼워진다.

# 향기를 활용해
# 좋은 기분을 유지하라

누구나 자기만의 기분 전환법을 갖고 있다. 자신이 평소 좋아하는 달콤한 디저트를 마음껏 먹기도 하고, 마사지를 받기도 한다. 아름다운 자연을 즐기며 산책하는가 하면, 빠르고 강한 리듬의 음악을 듣기도 한다. 여기서는 오감을 사용하며 기분을 전환하는 방법을 소개할까 한다. 예를 들어 달콤한 디저트를 먹는 사람은 '미각'을, 마사지를 받는 사람은 '촉각'을 활용한다. 음악을 듣는 사람은 '청각'을, 자연을 즐기며 산책하는 사람은 '촉각'과 '시각'을 활용한다.

이렇게 생각해보면 의외로 우리는 기분 전환할 때 '후각'

을 잘 사용하지는 않는 것 같다. 좋은 향기를 맡으면 기분이 안정되어 부교감 신경이 높아진다. 뇌에서 알파파(뇌파의 하나로, 긴장을 풀고 휴식할 때 관찰할 수 있다 – 옮긴이)가 활성화하여 몸과 마음의 긴장이 풀린다. 아로마나 향기 맡는 것을 좋아하는 사람은 이미 사용하고 있겠지만, 만일 그렇지 않다면 향기를 사용해 적극적으로 기분을 전환해보자.

이렇게 조언하면 어떤 향이 좋으냐는 질문이 뒤따라오곤 한다. 우선 중요한 것은 자기 마음에 드는 향기여야 한다는 점이다. 자신이 기분 좋다고 느끼고, 맘에 쏙 드는 향이라면 효과는 클 수밖에 없다. 여기에 하나를 덧붙이자면, 냉증을 앓는 등 혈액 순환이 나쁜 사람에게는 시트러스 계열의 향기가 효과적이다.

최근에는 디퓨저나 아로마 양초, 인센스 세트를 저렴한 가격에 구매할 수 있으니 적극적으로 활용해보자. 게다가 스프레이 통에 넣어 휴대할 수도 있으므로 어디서든 향기에 힘입어 기분을 전환할 수 있다.

향기는 '기억'과 강하게 이어져 있다. 기분 좋은 기억을 일깨워주는 향기를 맡으면 당시의 일이 생생히 떠올라 마음이 평온해지는 것도 그런 연유에서다.

# 시간에 맡겨라

안 좋은 일이 생겼는데, 아무리 노력해도 기분이 나아지지 않는다면? 이럴 때는 기분 전환을 포기하는 것도 한 가지 방법이다. 불쾌한 기분을 떨쳐낼 수 없다면 시간이 해결해 주기를 기다리는 수밖에 없다.

　이런 상황은 누구에게나 찾아온다. 예전에 필자의 지인 중 한 명이 금전 문제에 휘말린 적이 있었다. 자세한 사정은 말할 수 없지만, 당시 그는 적지 않은 돈을 잃었다. 상대방이 일방적으로 잘못한 상황이었다. 한데, 그는 자신에게 잘못이 없다는 걸 알면서도 '왜 그 사람을 믿었을까?',

'좀 더 철저하게 확인했다면 그런 일이 일어나지 않았을 텐데……' 하는 생각이 들었다고 한다. 그렇게 울적한 기분에 빠지자, 그는 그 상태에서 쉽게 벗어날 수 없었다.

사람들은 돈 문제뿐 아니라 대인 관계, 직장 업무, 가족 문제, 건강 등 여러 원인에서 비롯되는 불쾌한 감정을 떨쳐 내지 못해 힘들어할 때가 많다. 필자도 개인적인 일로 불쾌함을 털어내기까지 3~4년이라는 긴 시간이 필요했던 적이 있다. 그때 할 수 있었던 일은 그만큼의 시간을 기다리는 것뿐이었다.

정말 어쩔 도리가 없을 때는 기분 전환 자체를 포기하라. 답답하고 속이 부글부글 끓지만 어쩔 수 없다. 시간에 맡겨라. 잠시, 그렇게 던져버려라.

사람의 몸은 신기하다. 기분 정리를 포기한 순간, 묘하게도 자율 신경은 안정되기 시작한다. 자율 신경이 균형을 찾으면 그만큼 냉정하게 상황을 판단할 수 있다.

# 날마다 아침을 맞을 수 있음에
# 감사하라

감사하는 마음만큼 효과적으로 자율 신경을 안정시키는 것도 없다. 이는 강연, TV, 라디오, 많은 책을 통해 필자가 꾸준히 강조해온 메시지다. 지금 힘든 상황에 맞닥뜨려 있어 스트레스를 받는 사람도 있을 테고, 성질이 보통 아닌 상사 때문에 지옥 같은 하루하루를 보내는 사람도 있을 것이다. 얼마나 고통스러울까. 필자 역시 그런 경험을 해본 적이 있기에 잘 안다. 그럼에도 날마다 새롭게 아침을 맞이할 수 있음에 감사하는 마음이 중요하다고 생각한다.

의사라는 직업 특성상 사람의 죽음을 생생히 목격하는

일이 많다. 그럴 때면 생각한다. 지금 아무리 최악인 상황에 맞닥뜨려 있더라도 우리가 맞는 이 아침이 누군가는 맞고 싶어도 맞을 수 없는 바로 그 아침이라고! 그 점을 떠올리면 어떤 상황에서든 '오늘 하루, 최선을 다하자'라고 다짐하게 된다.

몸이 아프거나 컨디션이 좋지 않을 수도 있다. 최선을 다하자고 몇 번씩 다짐해도 뜻대로 되지 않을 수도 있다. 그렇더라도 어쩔 수 없는 일이다.

하지만 그런 상황에서조차 새롭게 아침을 맞을 수 있다는 사실에 감사할 수는 있다. 그저 감사하면 된다. 소리 내어 말해도 되고, 마음속으로 생각해도 된다.

우리에게는 목적 없이 되는 대로 살지 않고, 삶의 무게를 느끼면서 좀 더 진지하게 살려는 마음가짐이 필요하지 않을까.

제6장

# 사소한 일에 연연하지 않는 습관

# 나이에 맞게 생활하라

노화는 누구에게나 공평하게 찾아온다. 한마디로 이는 '숙명'이다. 몸은 늙고 외모도 변한다. 많은 사람에게 노화는 스트레스를 준다. 나이에 맞는 생활 방식이 중요한 것은 그래서다.

나이가 들면 노인처럼 행동하라는 의미가 아니다. 30대에게는 30대의 몸과 마음에 맞는 생활과 사고방식이 있다. 50대에게는 50대 나름의 방식, 70대에게는 70대 나름의 방식이 있다. 나이가 들면 20대 때와 똑같이 먹을 수도 없고, 사람을 만날 수도 없다. 그렇게 하면 몸에 부담이 가고,

스트레스를 받는 횟수 또한 늘어나기 때문이다.

자율 신경도 노화한다. 개인에 따라 차이는 있지만 남성은 30대, 여성은 40대부터 부교감 신경 기능이 특히 저하된다. 그러나 자율 신경을 안정시키는 습관을 들이면 부교감 신경 저하를 늦출 수 있다. 늙어가면서 시나브로 약해지는 근력을 운동으로 키우는 것과 마찬가지다.

제6장의 주제는 '자기 나이를 직시하는 방법'이다. 50~60대가 되면 젊은 사람들과 잘 지내기 힘들다고 느끼기 쉽다. 그런 까닭에 어떻게 하면 그들과 가까워질 수 있을지 고민하게 된다. 한데, 젊은 사람들과 반드시 가깝게 지내야만 할까? 그렇지는 않다고 본다. 나이 들어서도 조직에서의 지위와 역할에 연연하는 사람이 많다. 그것이 과연 나이에 맞는 생활 방식이고, 사고방식이며, 의사 결정 방식일까? 이 장에서는 이런 점들을 다룬다.

# 중요한 것과
# 사소한 것을 구분하라

나이 드는 것은 누구에게나 스트레스다. 노화로 인해 젊은 시절에 비해 신체의 여러 부위가 약해지고, 병에 걸려 기력이 쇠해지고, 새로운 정보를 잘 기억하지 못하는 등 구체적인 증상이 나타난다. 안타깝지만, 이는 엄연한 사실이다. 죽음은 누구에게나 성실하게 찾아온다. 누구나 바로 지금이 가장 젊은 순간이다. 이는 이 책의 핵심 메시지이기도 하다.

나이가 들어 죽음을 향해 다가갈수록 중요하지 않은 것은 미련 없이 버릴 줄 알아야 한다. 40대든, 50대든, 60대든, 70대든, 80대든 마찬가지다. 가령, 지금 직장에서 '저 사람은 상사의 인정을 받는데, 나는 그렇지 못하다'라고 느낀다고 해보자. 상사에게 받는 인정이 당신의 인생에서 과연 그토록 중요한가? 당신이 50세라면, 60세가 된 미래의 당신은 지금의 당신에게 어떻게 조언할 것인가?

나이에 따라 '중요한 것'과 '사소한 것'은 달라진다. 그러나 우리는 대부분 이런 점을 좀처럼 생각하지 않는다. 나이가 들어도 자기 인생에서 무엇이 중요한지 제대로 알지 못하는 것은 그런 이유에서다.

뭔가를 시작하려고 할 때나 뭔가를 끝내려고 할 때 가장 좋은 시기는 '지금, 당장'이다. 이 기회에 '중요한 것'과 '사소한 것'을 냉철하게 구분해보라. 당신이 의외로 '사소한 것'에 많은 시간과 노력을 허비하고 있음을 깨닫게 될 것이다. 지금 이 순간은 당신의 나이에 맞게 새로 업그레이드가 필요한 시기다.

# 자기 삶에 활력 불어넣는 일을
# 멈추지 말라

60세를 넘어서면 나이를 의식할 기회가 눈에 띄게 많아진다. 이 나이대가 되면 정년퇴직이 현실로 다가오고, 부모상을 치르는 경우도 생긴다. 많은 사람이 인생의 말년에 접어들었다는 사실을 체감하며 급격히 활력을 잃는다. 그럴수록 자신에게 활력을 불어넣는 일을 멈추지 말아야 한다. 60대만이 아니다. 누구든 마찬가지다.

당신은 무엇이 자기 삶에 활력을 불어넣는지 알고 있는가? 필자에게는 강연이 그것이다. 강의 자체만이 아니라 그것을 준비하는 일조차 활력을 불어넣어 준다. 새로운 무언가를 공부할 때는 삶이 충만해지는 느낌도 든다. 예를 들어 골프를 치거나, TV 드라마를 시청하거나, 만화책을 볼 때는 생기가 더해지는 느낌이 든다.

자신에게 활력을 불어넣는 요소가 무엇인지 알기 위해 노력하라. 생활 속에서 그 일을 꾸준히 해나가라. 실제로 하는 순간은 물론이고, 그것을 이제 곧 할 것이라는 기대감만으로도 삶이 의욕적으로 바뀐다. 날마다 컨디션이 좋아질 수밖에 없다. 인생이 기대감으로 충만해지기 때문이다.

만일 무엇이 자신에게 활력을 불어넣어 주는지 모르겠다면 무엇이든 이제까지 하지 않았던 일을 시도해보자. 이런 말을 하면 '지금보다 10년만 젊다면' 혹은 '20대였다면 한번 해봤을 텐데……'라는 식으로 반응하는 사람도 더러 있다. 그러나 시간이 거꾸로 가는 일이 일어날 리는 없지 않은가? 인생을 새로 살 수 있다고 해도 지금보다 더 나은 인생은 없다. 당신이 하고자 하는 일이 있다면 망설이지 말고 지금 당장 시작해야 한다.

'지금', '시작'은 인생을 풍요롭게 해주는 핵심 키워드다. 그것이 역설적으로 당신의 삶을 지금보다 한결 나은 방향으로 이끌어줄 것이다.

# 지위와 역할에 연연하지 말라

50세가 넘으면 조직에서의 지위를 아랫사람들에게 넘겨준 다는 마인드를 갖춰야 한다. 조직에서의 지위와 입장이 인 생에 어떤 가치가 있을까? 사람마다 차이가 있을 것이다. 분명한 것은 어떤 사람이든 그 자리에 영원히 계속 있을 수 는 없다는 점이다.

앞에서 필자는 흐름에 거스르지 않고 순응하며 사는 일 의 중요성을 강조했다. 조직에서의 역할과 지위에도 흐름 이 있다. 요직을 맡게 되는 흐름이 있는가 하면, 누군가에게 넘겨주어야 하는 흐름도 있다. 이는 필자 역시 실제로 경험한 일이다. 즉 대학에서 중요한 직위를 담당해야 하는 시기도 있었고, 다른 방향에 주목해서 원하는 대로 궤도를 바꿔나간 시기도 있었다.

많은 사람이 나이가 들면 '마지막'을 의식한다. 이런 상황에서는 누구나 기분이 가라앉아 몸과 마음 상태가 나빠질 수밖에 없다. 중요한 것은 새롭게 '시작한다는 마음가짐'이다. 그렇게 생각하면 조직에서의 역할과 지위는 과거의 유물이 된다. 비록 당신이 과거에 큰 노력을 기울여 얻은 것일지라도 그것이 당신의 미래를 보장해주지는 못한다.

당신이 아닌 다른 누가 담당할 수 있다면 주저 없이 그에게 넘겨라. 그러나 다른 사람에게 맡길 수 없는 일이라면 성실히 맡은 임무를 다하라. 이런 자세는 조직이나 당신의 인생에서 매우 중요하다.

스스로 자신의 지위를 버리는 것은 수동적인 행동이 아니라 능동적인 행동이다. 지금은 100세 시대다. 수동적인 자세를 버리고 능동적이고 열정적으로, 활기를 잃지 않으며 가슴 뛰는 삶을 살아가라.

# 젊은이들과 잘 지내야 한다는
# 강박을 버려라

어느 시대에나 세대 차이는 있기 마련이다. 필자는 60대인데, 20대 대학생과는 경험한 것도 다르고, 상식, 감성, 말투 등도 다를 수밖에 없다.

나이를 먹다 보면 "나는 젊은이들과 가까이 지내기 때문에 그들의 감성을 이해한다"라고 말하는 사람을 종종 만난다. 만약 그가 자발적으로 그런 삶을 선택했다면 문제가 없다. 다만, 무리해가며 젊은이들과 잘 지내려 애쓸 필요는 없다고 생각한다.

시대가 변했으니 바뀌어야 할 부분이 있다. 과학 기술이 발전하며 도구가 바뀌었고, 시간이 가며 사회의 상식과 통념이 바뀌었다. 예전에는 아무런 문제가 되지 않았다면서 여기저기 갑질을 하고 다니면 문제가 생길 수밖에 없다. 이런 부분은 확실히 바뀌어야 한다. 다른 사람에게 피해를 주는 행동이기 때문이다.

필자가 생각하기에, 젊은이의 생각과 감성을 이해해야 하는 것은 이 정도 선에서다. 그 이상 무리할 필요는 없다고 본다. 40대든 80대든 각자 살아온 삶의 배경이 있고, 자기만의 생활방식과 사고방식이 있다. 그것이 시대와 세대에 따라 다른 것은 어쩌면 당연하다. 자신의 쾌적한 생활을 희생하면서까지 젊은 세대의 취향에 맞추려고 노력할 필요는 없다.

새로운 뭔가를 배우고 습득하려는 의식은 항상 놓치지 말아야 한다. 그러나 그것이 반드시 젊은이들의 문화이어야 할 필요는 없다.

# 날마다
# '설레는 순간'을 만들어라

당신은 아침에 잠자리에서 일어났을 때 오늘 하루가 기대되고 설레는가? 이 점은 매우 중요하다.

아침에 잠자리에서 일어나면 우리 몸의 자율 신경은 부교감 신경이 우위에 있던 상황에서 교감 신경이 우위에 있는 상황으로 변한다. 몸이 활동 상태로 바뀌기 때문이다. 이때 '몸이 무겁다'라거나 '우울하다'라고 생각하면 교감 신경이 활성화하지 않는다. 자율 신경은 의식과 밀접하게 관련돼 있다. 남은 하루를 기대하는 사람과 그렇지 않은 사람의 몸 상태는 차이가 크다. 단 하루만 그렇다면 문제가 없겠지만, 날마다 설레는 사람과 그렇지 않은 사람의 몸에는 큰 차이가 생길 수밖에 없다.

날마다 뭔가 설레는 일이 있다면 이상적이다. 일이 즐거워서 설렌다면 더할 나위가 없다. 그런데 과연 매일 설레는 일이 있다는 것이 가능할까? 약간 무리해서라도 스스로 '설레는 순간'을 만들어야 하는 것은 그래서다.

필자는 매일 사진 한 장을 인스타그램에 올린다. 마음에 감동을 주는 사진을 찍어 인스타에 올리는 행위만으로도 설렘의 순간은 만들어진다. 딱히 의식하지 않으면 특별하지 않은 일상 풍경도 '설레는 순간을 사진에 담자'라고 생각하며 다시 보면 소중한 장면으로 바뀌어 있다.

일상이 따분하지 않은 사람이 어디 있겠는가? 우리는 날마다 어제와 별 차이 없는 삶을 살아간다. 그 삶에서 설렘의 순간을 만들어내느냐 그렇지 못하냐가 바로 인생의 행복과 불행을 가르는 중요한 요소다.

# 통제할 수 없는 과거보다
# 통제할 수 있는 미래에 집중하라

나이 든 후 동창 모임에 가면 대체로 두 부류로 나뉘어 있음을 깨닫게 된다. 한 부류는 지난 이야기만 하는 유형이고, 다른 한 부류는 앞날을 이야기하는 유형이다. 옛 친구들이 모인 자리이니 과거의 추억으로 꽃 피우는 것이 당연하겠지만, 고장 난 녹음기처럼 끝도 없이 지난 일만 반복해서 이야기한다면 어떨까?

앞에서 필자는 자신이 통제할 수 있는 것과 통제할 수 없는 것을 구분해야 한다고 이야기했다. 어떤 문제가 발생했을 때 '통제할 수 없는 것'을 계속 생각하고 고민해봤자 소용없다. 자율 신경과 감정만 어지럽힐 뿐이다. 그런 의미에서 과거는 통제할 수 없지만, 미래는 통제할 수 있다. 실제로 과거의 일만 생각하는 사람보다 앞날을 기대하며 이야기하는 사람이 자율 신경을 훨씬 효과적으로 안정시키는 경향이 있다. 당신의 추측이 맞다. 필자는 지금 '앞날에 대해 생각하는 습관'을 들이라고 권하려 하는 것이다.

생각이란 스펀지에 스며드는 물과 같아서 자기도 모르는 사이에 몸에 밴다. 사람들은 왜 과거에 얽매일까? 자기도 모르는 사이에 그런 사고방식이 습관화되었기 때문이다. 반면, 앞날에 대해 생각하는 습관을 들인 사람은 자연스럽게 자기가 할 수 있는 일, 무엇을 하고 싶은지 등을 생각한다. 이런 사람은 적극적인 자세로 인생을 살아간다. 또 이런 사람은 자연스럽게 고개를 들어 자주 위를 보고, 심호흡하며 밀도 있게 생활한다.

지나가버린 날들이 아니라 '다가올 날들을 생각하며 사는 것'이 중요하다. 당신이 과거에 연연하고 있었다는 사실을 알아차렸다면 지금 당장 앞날에 대해 기대감을 품고 생각하는 방향으로 바꿔보라. 이렇게 하는 것만으로도 당신의 의식은 달라지고, 삶의 풍경도 눈에 띄게 달라진다.

# 50~60대에는 선택과 집중의
# 지혜를 배워라

세대에 따라 몸 상태가 다르고, 의식과 사고방식도 변한다. 크게 나누면 20~30대는 '늘려가는 시기'다. 이 시기에는 다양한 경험을 통해 많은 일이 가능해진다. 먼 길을 돌아가더라도 차곡차곡 경험이 쌓인다.

이 시기에 '나는 이것만 하고 싶다'라거나 '이 길만 가겠다'라고 스스로 길을 좁히는 것은 어리석은 일이다. 이 시기에는 결국 헛수고로 끝나는 일도 많다. 그러나 그런 일조차 소중한 경험이 되는 시기가 바로 20~30대다. 40대가 되면 '늘림'과 '줄임'이 균형을 이루는 전환기를 맞이한다.

50~60대는 의심할 여지 없이 '줄여가는 시기'다.

오해하지 않으면 좋겠다. 새로운 것을 배우거나 도전하는 일은 모든 세대의 모든 사람에게 필요하다는 점을 말이다. 다만, 40대를 넘어 50~60대가 되면 절실히 필요한 것을 신중하게 고려해서 선택해야 한다.

50대가 넘으면 체력도 떨어지고 집중력과 기억력도 예전 같지 않다. 양보다 질로 승부를 보아야 하는 나이대다. '줄여가는 시기'에는 남은 시간과 노력을 어디에 쏟을지 진지하게 고민해야 한다.

60대 이후는 불필요한 것은 모두 버리고 무엇에 시간을 쓸지 좀 더 치열하게 고민해야 하는 시기다. 이때는 인생의 황혼기다. 저물어가지만 삶은 이어진다. 수명이 길어져서 살아갈 날은 아직 많이 남아 있다. 아무튼, 60대 이후는 쓸데없는 일을 할 여유가 없는 시기라고 말할 수 있다.

# 다른 사람에게 불쾌한 감정을
# 드러내지 말라

불쾌한 감정을 다른 사람 앞에서 그대로 드러내는 사람이 있다. 나이가 많든 적든 그런 사람은 응석받이에 지나지 않는다. 주위에서 자꾸 받아주니 문제의식도 없이 그런 어리석은 행동을 반복하는 것이다.

만일 그가 대단한 사람이나 중요한 손님과 함께 있다면 절대로 그런 일은 하지 않을 것이다. 불쾌감을 드러내기는커녕 지나칠 만큼 환한 얼굴로 상대방을 대하지 않을까. 주위 사람들을 호구로 보는 사람이나 눈치도 보지 않고 불쾌감을 드러낸다.

다른 사람 앞에서 자주 불쾌감을 드러내는 사람은 그만큼 우대받는 환경에서 생활했을 가능성이 크다. 예를 들어 직장에서 연차가 쌓여 직급이 올라갈수록 주위 사람들이 신경을 쓰고, 속으로 불만스러워하면서도 어쩔 수 없이 눈치를 본다. 그러나 계속 그런 태도를 취하면 점점 외로워질 수밖에 없다. 만일 당신이 그런 사람이라면 이제부터라도 '기분 좋은 인생'을 시작해보라.

자율 신경 전문가로서 말하자면, 불쾌한 말과 행동을 일삼아도 되는 인생을 살아온 사람은 자율 신경 측면에서 좋은 환경에 있었다고 보기 어렵다.

응석받이 유형의 사람은 늘 주위 사람들에게 뭔가를 '기대'한다. 그러는 과정에서 점점 더 많은 것을 바라게 되고, 자신이 원하는 일을 해주지 않으면 화가 치민다. 그로 인해 오히려 불평불만을 쏟아낼 기회가 늘어난다. 결과적으로, 자율 신경을 어지럽히는 일이 많아지니 신체적으로나 정신적으로 더 많은 부담을 느낄 수밖에 없다.

이런 관점에서 볼 때 주위 사람들에게 아무것도 기대하지 않고 자기 기분 정도는 스스로 알아서 다스릴 줄 아는 환경에서 지내는 사람이 자율 신경 상태도 좋다. 이런 유형의 사람은 혈액 순환도 좋아져서 더 나은 컨디션으로 생활할 수 있다. 생각해보면, 기분 좋게 지내는 것은 최고의 건강 관리법이라고 할 수 있다.

# '초보자'가 되는
# 경험을 늘려가라

월말이 되면 '아니, 벌써 월말이야? 정말 눈 깜짝할 사이에 한 달이 지나가버렸군!' 하고 많은 사람이 느낀다. 또 연말이 되면 '1년이 정말 쏜살같이 빨리 지나간다'거나 '젊을 때보다 1년이라는 시간이 훨씬 더 빠르게 지나가는 것 같다'고 느끼는 사람이 대부분이다.

여기에는 몇 가지 가설이 있다. 나이가 들어 여러 경험이 쌓이면 새롭다고 느끼는 일이 줄어든다. 그 연장선에서 신경 회로에 가해지는 자극이 적어지고, 자연스럽게 시간이 빨리 흐른다고 느낀다. 이 가설이 가장 유력한 이론으로 인정받는다.

나이를 먹으면 누구나 체력이 떨어지고 기력이 쇠약해진다. 새로운 일 시작하기가 겁날 수밖에 없다. 그러면 자극이 점점 더 적어져 시간이 더욱더 빨리 흐른다. 한마디로 악순환이 반복된다.

마음이 설레는 정도와 젊음은 비례한다. 틀에 박힌 변화 없는 일상을 보내는 사람은 그만큼 빨리 늙을 수밖에 없다. 설렘이 없기 때문이다. 당신은 무엇을 할 때 설레는지 곰곰이 생각해보라. 머리에 가장 먼저 떠오르는 게 있다면 당장 그 일을 시작하라. 아무것도 떠오르지 않는다면 무엇이든 좋으니 일단 새로운 무언가를 시작해보라. 그것만으로도 충분히 가치는 있다.

필자는 반려견을 키우기 시작했다. 솔직히 말하자면, 동물을 특별히 좋아하지는 않았다. 아니, 반려견을 키우자는 생각 자체가 인생 계획표에 없었다. 오히려 그랬기에 반려견은 새로운 자극이 되었다. 반려견과 같이 지낸다는 이유만으로 낯선 사람이 친근한 얼굴로 다가와 '귀엽다', '이름이 뭐냐', '몇 살이냐' 물으며 말을 걸어오는 일이 자주 생겼다. 처음에는 무척 놀랐다. 이제까지 겪어보지 못한 완전히 새로운 경험이었기 때문이다. 반려견 집사로서는 초보인 셈이어서 그런 경험 하나하나가 신선했다. 당신도 무언가의 '초보자'가 되어보길 권한다.

제7장

# 날마다 자신을 바꾸는 습관

# 쉬운 일부터 자신을 바꿔가라

우리는 3년 넘게 코로나 팬데믹을 겪었다. 코로나바이러스는 완전히 사라지지 않았다. 여전히 감염자가 나오고 있지만, 어느 정도 예전의 삶으로 돌아왔다고는 할 만하다. 적어도 코로나 팬데믹 이전처럼 자유롭게 돌아다닐 수 있게 되었으니 말이다.

당시 코로나바이러스에 감염된 사람, 감염되지 않은 사람 모두 엄청난 스트레스를 받았다. 이전과 다른 생활방식을 강요받으면서 우리의 몸은 큰 타격을 받았다. 특히 자율 신경이 흐트러지고 균형이 깨졌다. '왠지 기분이 좋지 않다', '기분이 우울하다', '두통이 있다' 등의 증상을 호소하는 사람이 많아졌다. 코로나 팬데믹 이후 우리의 생활은 예전의 상태로 돌아갔으나, 몸과 마음이 받은 스트레스는 침전물처럼 사라지지 않고 쌓여 있다. 팬데믹이 이어지는 3년여 동안 받은 심신의 타격을 회복하려면 적어도 그 시간의 두 배에 달하는 6년 정도는 필요하지 않을까.

코로나 팬데믹으로 인한 영향이 우리의 몸과 마음에 남아 있다는 점을 먼저 이해해야 한다. 그리고 조금씩 자신을 좀 더 나은 방향으로 개선하려는 의지를 가져야 한다. 다만, 코로나 팬데믹 이전으로 돌아가려 하지 말고 좀 더 건강하고, 활기차고, 긍정적인 자신으로 돌아가려고 노력해야 한다.

오늘부터 새로운 인생을 시작하라. 이 장에서는 구체적인 방법들을 소개하고자 한다. 따라 하기 쉬운 것부터 실천해가며 조금씩 자신을 바꿔보라.

# 걱정을 떨쳐 버리고
# 꾸준히 체질을 개선하라

마스크는 코로나 팬데믹의 상징이다. 이는 감염 대책으로
는 유효했지만, 우리 삶에 많은 변화를 만들었다. 필자는 감
염병 코로나19로 인해 오랜 기간 마스크를 착용하면서 어
떤 폐해가 발생했는지 살펴보려고 한다.

코로나 팬데믹이 1~2년쯤 지났을 무렵부터 50대 이상
을 중심으로 '내가 루게릭병에 걸린 게 아닐까?', '파킨슨병
에 걸린 게 아닐까?' 걱정하며 병원을 찾는 사람이 많았다.
알고 보니 '입꼬리에 힘이 없어 침이 흐른다', '주위 사람들
이 나를 보고 표정이 없다고 한다', '발음이 부정확하다' 등

의 이유에서였다. 이는 루게릭병의 전형적인 증상이니 그런 걱정을 하는 것도 무리는 아니었다. 그러나 검사했을 때 실제로 루게릭병이나 파킨슨병으로 진단받은 경우는 거의 없었다. 알고 보니 대부분 마스크 착용으로 인한 것이었다.

마스크를 쓰면 입을 움직일 기회가 줄어든다. 설령 움직이더라도 마스크를 쓰기 전보다 훨씬 소극적일 수밖에 없다. 그러면 표정근과 입 주변 근육이 약해져서 제대로 표정을 지을 수 없고, 정확한 발음으로 말할 수도 없게 된다. 또 입에서 침이 흐르기 쉽다. 코로나19로 인한 마스크가 불러온 뜻밖의 폐해를 목격하고 처음에는 무척 놀란 것이 사실이다. 그러나 생각해보면 이는 당연한 현상이다.

마스크 생활을 한 모든 사람에게 많든 적든 이런 유의 증상이 나타난다는 점을 이해해야 한다. 심각한 질병에 걸린 게 아닐까, 지나치게 걱정하면 자율 신경이 흐트러져 건강의 적신호가 켜진다.

지금은 코로나 팬데믹의 영향이 몸과 마음속에 남아 있는 시기다. 그렇더라도 지나치게 걱정하지는 말고 꾸준히 개선해가려고 노력하는 것이 중요하다.

# 음식을 꼭꼭 씹어 먹고,
# 껌도 자주 씹어라

코로나 팬데믹으로 오랜 기간 마스크를 착용하다 보니 얼굴과 입의 움직임이 줄어든다. 이에 대한 간단한 대처법으로 껌 씹기만 한 것이 없다. 걸으면서, TV를 보면서, 차를 운전하면서 껌 씹는 습관을 들이기를 권한다.

껌을 씹으면 저절로 입과 얼굴의 근육을 사용하게 되고, 턱 근육과 표정근이 단련된다. 자신은 몰랐는데 '무표정하다'라는 말을 들었다면 표정근이 약해져서일 가능성이 크다. 껌을 씹어 표정근을 사용하는 것이 습관화되면 표정도 자연스러워진다. 이와 더불어 틈나는 대로 표정 짓는 연습을 하는 것도 좋다.

어떤 만담가는 마스크를 쓰고 오래 지낸 탓에 제대로 표정을 짓지 못해 만담의 질이 눈에 띄게 떨어졌다고 한다. 프로 만담가도 그 정도이니 평범한 사람의 표정이 약해지는 것은 당연하다. 거울을 보면서 '아, 에, 이, 오, 우' 하며 입과 얼굴을 크게 움직이거나 웃는 표정을 짓는 연습을 하라. 그것만으로도 굳은 근육이 풀리고 단련된다. 꼭 마스크 때문이 아니더라도 표정근은 나이가 들수록 약해지기 마련이다. 그러므로 껌을 씹고, 표정 짓는 연습을 꾸준히 하면 좋다.

뭔가를 씹는 행위는 면역력을 높이고 자율 신경을 안정시키는 등 건강에 좋은 영향을 끼친다. 식사할 때 음식을 꼭꼭 씹어 먹고, 껌을 씹는 습관을 들이는 것만으로도 자율 신경이 안정된다.

운동선수가 경기 중에 껌 씹는 모습을 누구나 보았을 것이다. 그는 왜 껌을 씹을까? 껌 씹는 행위가 긴장을 풀어주고 집중력을 높여주는 효과가 있기 때문이다.

# 1~2주에 한 번은
# 혼자 노래방에 가라

노래방에서 노래를 부르는 것도 오랜 기간 마스크 착용으로 약해진 얼굴과 입 주변 근육을 단련하는 데 도움이 된다.

마스크를 쓰면서 '목소리가 작아졌다', '목소리가 잘 나오지 않는다'라고 호소하는 사람이 많다. 소리를 내지 않으면 그만큼 성대가 약해지므로 발성이 부자연스러워지고 목소리도 작아진다. 예전에는 자주 노래방에 갔는데, 코로나 팬데믹을 계기로 가지 않게 된 사람도 많다. 이제부터라도 한 번 가보자. 물론, 처음에는 이전과는 다르게 목소리가 잘 나오지 않을 것이다.

코로나 팬데믹으로 대면 소통이 크게 줄어들고 온라인 소통이 늘어난 것도 주요 원인의 하나다. 팬데믹 이전에는 어느 정도 규모가 있는 회의실에서 회의할 때 맞은편에 있는 사람도 들을 수 있게 큰 목소리를 낼 수 있었다. 웅성웅성 소란한 카페나 찻집에서 소규모 회의를 하는 사람도 많았다. 그러나 그런 상황이 극단적으로 줄어들고 노래방에 갈 기회도 없어지니 당연히 목소리도 약해진다. 온라인으로 소통하면 헤드셋을 사용해 마이크에 대고 말을 하므로 큰 목소리를 낼 이유가 없다.

여럿이 노래방에 가는 것도 좋지만, 그럴 기회가 없는 사람은 혼자 가서 마음껏 노래를 불러도 된다. 노래 부르기를 좋아하는 사람이라면 가기 전부터 마음이 설렐 것이다. 크게 입을 벌리고 소리 내는 것은 코로나 팬데믹으로 생긴 몸의 이상을 개선하는 좋은 방법이다. 일주일에 한 번, 아니 보름에 한 번이라도 혼자 노래방에 가길 권한다.

# 의식적으로 목소리를
# 크게 내는 연습을 하라

앞에서 필자는 큰 소리로 노래 부르기에 대해 이야기했다. 목소리는 건강과 활력의 척도다. 현재 건강 상태를 쉽게 알 수 있는 지표이기도 하다. 자기 자신이나 주변 사람들을 떠올려보자. 기운이 없는데, 큰 소리로 말하는 사람은 만나기 어렵다. 큰 소리로 쾌활하게 말하는 사람이 기운이 없는 경우도 매우 드물다.

코로나 팬데믹 당시에는 이전처럼 제대로 소리 낼 수가 없었다. 마스크를 써야 했고, 다들 크게 말하는 걸 꺼리는 분위기였다. 그런 분위기가 지속되다 보니 아예 입을 다

무는 일이 많았다. 말한다고 해도 작은 소리로 짧게 몇 마디 하는 정도였다. 당연히 기운이 없어지고, 기분도 우울해진다.

성대는 나이가 들수록 약해진다. 노화로 인해 성대가 약해져 목소리가 잠기거나 나오지 않는 일은 흔하다고 한다. 이비인후과 의사가 들려준 얘기다. 이런 일을 최소화하고 기운을 되찾기 위해서라도 의식적으로 목소리를 크게 내는 것이 좋다.

노래방에 가보자. 목소리가 잘 나오지 않는다면 그만큼 몸과 마음 상태가 안 좋아진 탓이다. 노래방 가기 귀찮으면 욕실이나 자동차 안에서 큰 소리로 노래를 부르는 방법도 있다. 이렇게 하면 자기 몸 상태도 확인할 수 있고, 목소리를 되찾기 위한 훈련도 된다.

노래를 못하거나 노래방이 싫은 사람은 평소보다 좀 더 큰 소리로 글을 낭독하면 도움이 된다. 소리 내어 문장을 읽으면 다른 사람들과 일상적으로 대화할 때보다 좀 더 발음을 의식하게 된다. 평소보다 성대와 입 주변 근육을 많이 사용하므로 효과적이다.

# 60퍼센트만 배를 채우고,
# 탄수화물 섭취를 줄여라

우리 주위에는 코로나19 후유증으로 '브레인 포그brain fog'를 호소하는 사람이 많다. 브레인 포그란 머릿속이 마치 안개fog 낀 것처럼 멍한 상태를 말한다. 산만함, 기억력 저하, 피로감 등이 주요 증상으로 나타난다. 브레인 포그를 호소하는 사람 중에는 코로나바이러스 감염 후유증을 겪는 이가 많다. 그 밖에 백신 후유증을 겪거나 코로나 팬데믹으로 인한 스트레스 때문인 경우도 적지 않다. 처음에는 '피곤해서 그런가?', '잠이 부족한 탓이 아닐까?'라는 식으로 가볍게 생각하는 사람도 많다. 감염병 분야 전문가들에 따르면, 실제로 코로나바이러스와 관련된 후유증으로 인해 브레인 포그가 일어날 가능성은 높은 편이라고 한다.

필자도 브레인 포그를 경험한 적이 있다. 당시 회의나 외래 진료 중이었는데, 머리가 맑지 않아 집중하기 어려웠다. 한창 인터뷰하는 도중에 갑자기 머리가 멍해지고, 졸음이 오는 경험을 한 적도 여러 번 있었다.

이런 증상으로 인해 집중력이 떨어진 것으로 판단되거나 몸과 마음이 피곤한 사람은 점심때 탄수화물 섭취를 줄이는 것이 좋다. 아침 식사는 몸을 각성시키지만, 점심때는 식사 후 곧바로 일을 다시 시작하기 때문에 탄수화물을 많이 섭취하면 브레인 포그가 일어나기 쉽다. 신체 구조상 탄수화물 섭취로 인해 혈당이 급격히 상승하면 졸음이 오기 쉽고 집중력이 떨어진다. 점심 식사로 탄수화물을 섭취하지 않는 것도 좋은 방법이다. 그러나 전혀 섭취하지 않으면 오히려 에너지가 부족해 문제가 될 수도 있다. 그러므로 탄수화물 섭취량을 줄이고, 채소 위주로 식사하는 것도 권장할 만하다.

원래 인간은 배가 부르면 머리가 잘 돌아가지 않는 법이다. 양껏 먹지 않고 60퍼센트 정도만 배를 채우고 탄수화물 섭취를 줄이면 몸 상태는 자연스럽게 좋아진다.

주로 앉아서 일하는 사람이라면 피로가 몰려온다 싶을 때마다 잠시 자리에서 일어나 가볍게 운동하라. 그것만으로도 혈액 순환이 원활해지고, 머리가 맑아지고, 몸 상태가 좋아진다.

# 잠이 부족한 날 오히려
# 더 활발히 몸을 움직여라

아주 오랜 옛날부터 수면 문제를 가진 사람이 많았다. 여기에 더해 이제는 코로나 팬데믹으로 인해 스트레스를 받는 사람, 출근과 재택근무가 뒤섞여 생활 리듬이 흐트러진 사람도 잠을 잘 못 잔다고 호소한다.

양질의 잠을 자는 것은 현대인에게 의외로 쉽지 않은 일이다. '이대로만 하면 무조건 푹 잘 수 있다'라는 마법의 비법은 없다. 밤은 부교감 신경이 우위에 서는 시기이므로 몸의 생체 리듬을 중시하는 것이 가장 좋은 방법이다. 식사는 늦어도 잠들기 세 시간 전에는 마치고, 샤워도 이른 저녁에 끝낸다. 되도록 늦은 밤에는 TV나 스마트폰을 보지 않는 방향으로 노력해야 한다. 대신 차분한 마음으로 일기를 쓰거나 책을 읽으며 시간을 보내는 것이 좋다. 더불어, 되도록 이른 시간으로 잠자는 시간을 정하고, 되도록 그 시간을 지켜서 잠드는 습관을 들여야 한다.

잠을 제대로 못 자면 몸도 마음도 피곤할 수밖에 없다. 현대인 중에는 만성적으로 잠이 부족하다 보니 밀린 잠을 보충하고 피로를 풀기 위해 '지하철에서 15분간이라도 자자', '점심시간에 10분이라도 자자' 하며 눈을 감고 잠을 청한다.

우리 몸은 애초에 피곤하면 휴식을 취하도록 설계돼 있다. 그러나 수면이 부족한 날 그런 식으로 쪽잠을 자는 것은 효과적이지 않다.

잠이 부족하면 수면 시간에 작동하는 부교감 신경이 활성화하지 않는다. 아침이 되면 다시 교감 신경이 활성화해야 하지만, 제대로 전환이 이루어지지 않아 자율 신경이 흐트러진 상태가 지속된다. 이런 상태에서 우리 몸이 활동해야 할 낮에 눈을 붙여 부교감 신경을 활성화하려고 해도 잘될 리가 없다. 오히려 몸이 무거워질 뿐이다.

잠을 깊이 자지 못한 다음 날은 푹 자야 한다. 이런 날에는 낮 동안 몸이 약간 무겁고 나른해지더라도 오히려 활발히 움직여서 교감 신경을 활성화하는 것이 좋다. 스트레칭을 하거나, 계단을 오르거나, 산책하는 등 몸을 움직여 활동 상태를 높이면 도움이 된다.

# 일 사이사이에
# 10분간 쉬는 습관을 들여라

요즘은 무엇이든 짧은 시간 안에 마무리하는 것이 추세인 듯하다. 히트곡을 보면 전주가 짧고(혹은 없다), 유튜브에는 3분 이내의 영상과 쇼츠가 넘쳐난다. 우리가 그런 유의 콘텐츠 하나하나에 집중하는 시간은 갈수록 짧아진다. 직장에서도 마찬가지다. 이메일보다는 스마트폰 메신저나 업무용 메신저를 주로 사용한다. 당연히 의사소통 방식은 더 짧아지고 간결해진다. 이런 시간 감각에 맞추어 우리의 생활도 바꿀 필요가 있다.

가령 온라인으로 회의하는데, 예전과 같은 시간 동안 진행하면 자칫 늘어지기 쉽다. 만약 이전에는 한 시간 동안 회의했다면, 이제부터는 45분 안에 마치는 식으로 짧게 줄이는 건 어떨까? 단, 시간을 점점 더 빽빽하고 효율적으로 사용하려다가 쉬는 시간을 없애는 실수를 하면 안 된다. 예컨대, 회의와 미팅을 온라인으로 진행하면 이동하는 데 걸리는 시간을 아낄 수 있다. 그러면 곧바로 다음 일정을 잡기 쉬워진다. 오후 2시에 회의가 끝났는데, 바로 이어서 다음 미팅에 들어가는 식이다.

여기에는 부작용도 있다. 반복해서 이렇게 일정을 짜면 집중력이 떨어지고 좋은 컨디션을 유지하기 어렵다. 처음 몇 시간은 그럭저럭 버틸지 몰라도, 그 후는 컨디션이 떨어진 상태로 하루를 보내게 된다.

일정 사이사이에 10분 정도 쉬는 시간을 촘촘히 끼워 넣는 습관을 들이자. 바로 다음 일정으로 넘어가지 말고, 일단 자리에서 일어나거나 그 장소에서 벗어나 머리를 환기하는 식이다. 간단한 스트레칭이나 스쾃squat을 하는 것도 좋은 방법이다.

'짧은 간격으로 자주 쉬는 습관'을 갖자. 몸과 마음 상태를 건강하게 유지하는 좋은 방법이다.

제8장

# 최상의 컨디션을 유지하는 습관

# 체력을 키우고,
# 건강을 한 단계 업그레이드하라

이 장의 주제는 '건강'과 '체력'이다. 즉, 좀 더 나은 체력을 기르는 것과 건강을 유지하는 것을 목표로 하자는 얘기다.

코로나 팬데믹을 경험한 우리는 섣불리 판단하기 어려운 다양한 후유증을 안고 살아간다. 몸이 무겁고 집중력이 떨어지는 것은 물론이고, 왠지 활발히 움직이는 것조차 겁난다. 그러므로 이전보다 운동을 더 안 하게 된다. 이런 상태를 극복하기 위해 신체 건강을 회복해야 한다는 생각을 많이들 한다. 여기서 한발 더 나아가 '건강을 한 단계 업그레이드하자', '체력을 기르자'라고 결심해야 한다. 가령 일주

일에 사나흘은 운동화를 신거나, 사우나를 가는 식이다.

매일은 힘들더라도 일주일에 며칠 정도는 에스컬레이터를 타지 않고 계단을 걸어서 오르내리는 등 틈틈이 운동할 수 있다. 자신이 가는 체육센터 등에 사우나가 있지만 가본 적이 없다면 한 번쯤 체험해보길 권한다.

이 장은 이런 식으로 지금까지와는 다른 '한 단계 위의 체력', '한 단계 위의 건강'을 목표로 한다. 구체적인 운동 및 훈련 방법도 소개하니 무리하지 않는 범위 내에서 실천해보길 권한다.

날씨가 나쁜 날이면 몸이 무겁거나 관절이 아프고, 두통이 심한 사람이 많다. 이 장에서는 자율 신경 전문가의 관점에서 날씨와 질병의 관계도 다룬다.

# 한 발 내딛는 습관을 들여라

이 책의 제목은 『50대를 위한 시작하는 습관』이다. 무엇을 시작하자는 것인가? 지금 당장 움직이자는 의미다. 좀 더 정확히 말하자면, 지금 당장 행동하자는 의미다.

코로나 팬데믹을 겪으면서 움직이기가 두려워진 사람이 많다. 사회적 격리 정책에 따라 오랫동안 외출을 자제해야 했으니 어찌 보면 당연한 일이다. 이런 상황에서 앞으로 한 발 내딛기는 쉽지 않다. 그러므로 몸에 작은 부하를 주며 차츰 행동을 바꿔가야 한다.

평소보다 좀 더 오래 걸어라. 힘들더라도 엘리베이터나

에스컬레이터 대신 계단을 사용하라. 조금이라도 복근 운동이나 근력 운동을 하라. 다양한 방법을 사용해서 평소보다 좀 더 땀을 흘려보자는 얘기다.

'움직이지 않는 생활'에서 벗어나 '시작하는 생활'을 하려면 체력이 뒷받침해주어야 한다. 몸에 작은 부하를 주는 생활을 하다 보면 자연스럽게 체력이 길러진다. 실제로 실천해보면 힘들기는 해도 몸이 개운해지고 기분도 상쾌해진다는 사실을 깨닫게 된다.

날마다 하지 않아도 좋다. 2~3일에 한 번도 괜찮다. 그것만으로도 운동이 쉬워지고, 평소보다 계단을 수월하게 오를 수 있게 된다. 횟수가 늘어날수록 자신이 부쩍 성장했음을 느끼게 된다. 몸이 튼튼해지고 자신감이 생겨 자기도 모르는 사이에 긍정적인 사람으로 변한다. '오늘은 한 발짝 더 내디뎌볼까?'라는 생각이 들면서 당신의 몸이 달라져 있음을 느끼게 될 것이다.

# 당장 구두를
# '운동화'로 바꿔 신어라

몸에 작은 부하를 주는 생활을 하기로 마음먹었다면 지금
당장 구두를 운동화로 바꿔 신어라. 매일은 아니더라도 일
주일에 몇 번은 운동화를 신고 외출하라.

업무상 구두나 굽 있는 신발을 신던 사람이 운동화를 신
으면 마음이 가벼워지고 기분이 상쾌해진다. 평소보다 조
금 빠르게 걷거나 보폭을 크게 해서 걸어라. 이런 식으로 버
스 정류장이나 지하철역 등 가까운 거리를 걸으면서도 '작
은 부하를 주는 생활'을 실천할 수 있다.

가장 추천할 만한 운동법으로는 '계단 오르내리기'가 있

다. 역의 계단은 물론이고, 직장에서도 엘리베이터나 에스컬레이터 대신 계단을 사용하는 식이다. 필자도 운동화를 신은 날은 7층 정도 높이는 엘리베이터를 타는 대신 계단을 걸어서 올라간다. 물론 처음에는 쉽지 않다. 그러니 무리하지 말고 한 층이나 두 층을 오르내리는 일부터 시작하면 된다. 계속하다 보면 '오늘은 4층까지 올라갔네', '평소 7층까지 올라가면 숨이 찼는데, 오늘은 거뜬하네' 식으로 성장한 것을 느끼게 된다.

운동화를 신기만 해도 마음이 가벼워진다. 세상이 조금은 만만해진다. 운동화를 신은 채 약간 떨어진 곳의 횡단보도 신호등이 파란불로 바뀌었을 때 재빨리 뛰어서 건너면 얼마나 기분이 좋은지 느껴보라. 구두를 신고는 쉽사리 용기 내기 어려운 일이다.

날마다 실천하려고 하면 부담감만 커진다. 오히려 쉽게 좌절할 뿐 아니라 다시 시작할 엄두도 나지 않는다. 그러니 일단 일주일에 단 하루라도 운동화 신는 날을 정하고 실천하라. 이 작은 실천 하나만으로도 특별한 하루를 보낼 수 있다.

# 날씨가 나쁠 때
# 컨디션 관리에 유의하라

날씨가 나쁜 날은 두통과 어지럼증이 생기고, 몸이 무거워서 움직이기 싫다는 사람이 많다. 최근에는 '기상병(날씨 변화와 밀접한 관계가 있는 병의 증상 - 옮긴이)'이라는 용어가 자주 동원될 정도로 날씨가 나빠지면 몸도 안 좋아진다는 것이 상식이 되었다.

실제로는 날씨가 나쁠 때보다 점점 나빠지는 시기, 즉 저기압이 다가옴에 따라 컨디션이 안 좋아지는 경우가 많다. 필자도 큰비가 내리는 날보다 찌뿌둥한 날씨일 때 두통이 생기고 몸이 무거워지는 경우가 많았다.

이럴 때 야생동물은 동굴에서 비바람을 피하며 빈둥거린다. 인간도 날씨가 나쁜 날에는 집에서 뒹굴 수 있으면 좋겠지만 그럴 수 없다. 출근해서 일해야 하기 때문이다. 이럴 때는 적극적으로 몸을 움직여 활동 상태를 유지해야 한다.

우리 몸은 가만히 놓아두면 휴식을 취하고 싶어진다. 그런 때일수록 자리에서 일어나 걷거나 가벼운 스트레칭을 하라. 그러면 혈액 순환이 잘 되고, 교감 신경이 활발해져 몸을 활동적인 상태로 유지할 수 있다.

요즘은 일기예보의 정확도가 높아서 날씨 정보 앱을 사용하면 몇 시간 후에 비가 올지, 어느 지역에 비구름이 다가오고 있는지 등을 쉽게 파악할 수 있다. 이 정보를 활용해 미리 몸을 움직여 활동 상태를 유지하라.

몸이 정말 안 좋을 땐 쉬어야 한다. 몸과 마음의 상태가 안 좋을 것 같은 예감이 든다면, 사전에 대책을 취해야 한다.

# 생활 리듬을 유지하며
# 자기 페이스를 찾아라

육아나 간병을 하느라 날마다 스트레스를 받는 사람이 많다. 필자를 찾아오는 환자 중에도 몸이 안 좋지만 육아와 간병을 안 할 수 없는 형편이라며 호소하는 사람이 더러 있다.

육체적, 정신적으로 힘든 상황에서 자율 신경을 어지럽히지 않기는 말처럼 쉽지 않다. 필자는 그런 이들에게 자기 생활 리듬을 무시하지 말라고 조언한다.

육아나 간병 중인 사람은 자기 리듬대로 생활하기 어렵다. 취침, 기상, 식사 등은 물론이고, 심한 경우 화장실도 마음대로 갈 수 없다. 게다가 제대로 샤워도 하기 어렵다. 어린아이나 환자를 돌보다 보면 자기 생활 리듬이 다른 사람에게 맞춰진다. 이런 상황을 단번에 개선할 수는 없겠지만, 자고 일어나는 시간과 식사 시간만이라도 자기 뜻대로 할 수 있어야 한다.

아이러니한 것은 성실한 사람일수록 자기 생활방식을 다른 사람에게 맞추는 경향이 있다는 점이다. 그럴수록 자율신경이 흐트러지기 쉽다. 곧잘 짜증이 난다. 매사를 대충하게 된다. 그 연장선에서 실수도 저지른다.

상대방을 위해 최선을 다하는 일도 중요하지만, 자신의 생활 리듬을 최대한 지키려고 노력해야 한다. 만약 차를 마시면서 긴장을 푸는 것이 루틴이라면 아무리 바빠도 그 시간만은 지켜라.

당신에게는 자신을 중시하고 자기 페이스를 우선시하는 마음가짐이 절실하다. 쉽지 않더라도 노력하라. 이 점을 명확히 인식하는 것만으로도 생활이 달라진다.

# 쓸데없는 걱정으로
# 없는 병을 만들지 말라

병은 마음먹기에 달렸다. 사실이다. 전문성을 가진 의사로서 하는 말이다. 요즘은 조금만 몸이 이상해도 인터넷으로 증상과 대처법을 검색해보는 사람이 많다. 물론 자기 몸 상태를 정확히 이해하고 적절한 대처법을 알아내려 하는 것은 좋은 일이다. 문제는 아주 사소한 증상을 가지고도 지나치게 불안해하거나, 병이 아닌데 지레짐작해 스스로 상황을 나쁘게 몰고 가는 경우도 드물지 않다는 데 있다.

이전에 허리를 다쳐서 거동이 쉽지 않은 적이 있었다. 사실 약간 삐끗한 정도였다. 게다가 필자는 의사이기에 스스로 어느 정도 몸 상태를 파악할 수 있었다. 그런데 만약 필자가 의사가 아니고, 그런 상황을 인터넷으로 검색해봤다면? 아마도 '암이 뼈로 전이한 게 아닐까?' 하고 지레짐작으로 걱정하며 불안해했을지 모른다.

어딘가가 아파서 신경 쓰인다면 의사를 찾는 것이 가장 좋은 방법이다. 문제는 현대인은 너무 바빠서 마음 내키는 대로 병원에 가기 어렵다는 데 있다. 이때 자기 몸 상태를 지나치게 걱정하면 그로 인해 오히려 자율 신경이 흐트러지고 혈액 순환이 나빠져서 진짜 병이 된다. 그야말로 병은 마음먹기에 달렸다.

약간 지나친 말일 수도 있지만, 너무 여유로운 생활은 오히려 문제를 일으킬 수 있다. 매일 업무나 집안일 등으로 바쁘다면 몸이 약간 안 좋아도 신경 쓸 틈이 없고, 어느새 나아져 있기도 한다. 일부러 바쁘게 살 필요는 없지만, 역으로 생각해보면 이런 긍정적인 효과(?)도 있다.

적어도 스스로 병을 만들지는 말자. 바쁘게 지내는데도 이상이 지속되거나 증상이 나빠지면 3일 안에 병원에 가야 한다. 그렇게 나름의 규칙을 정해두는 것도 쓸데없이 자율 신경을 어지럽히지 않는 좋은 방법이다.

# 사우나로 혈액 순환을 개선하라

최근 들어 사람들 사이에서 사우나가 인기다. 지나치게 하지 않는 것을 전제로 말하자면, 사우나는 건강 유지에 도움이 된다. 양질의 혈액이 우리 몸 구석구석까지 흐르는 상태가 '건강'한 상태다. 사우나는 이 혈액을 나르는 혈관을 탄력 있게 유지하도록 돕는다.

혈관은 동맥, 정맥, 모세 혈관으로 나뉜다. 그리고 자율 신경이 혈관을 관장한다. 일반적으로 우리는 온도가 높은 방에 들어가 몸을 덥히는 것으로 사우나를 시작한다. 그러면 부교감 신경이 활성화하여 혈관이 확장된다. 그 후 냉탕에 들어가거나 차가운 물로 샤워하며 몸을 식힌다. 이때 교감 신경이 활성화하고 혈관이 수축된다.

이것을 반복하면 근력 운동을 지속하는 것과 유사한 효과를 얻을 수 있다. 혈액 순환이 개선되고, 혈관에 탄력이 생긴다. 모세 혈관을 포함해 몸속 구석구석 혈액이 흘러들어 새로운 혈관이 형성된다. 이러한 효과는 주로 운동의 결과로 나타난다. 운동할 시간이 없거나, 하체에 통증이 있어서 운동하기 어려운 사람은 대신 사우나를 하면 된다.

모든 일이 그러하듯, 무리는 금물이다. 혈관 관련 질환을 앓는 사람은 실신할 수도 있다. 그런 상황에서는 먼저 의사와 상담한 후 진행해야 한다. 또 사우나를 하는데, 가슴이 심하게 두근거리거나 부정맥이 나타날 때는 즉시 밖으로 나와야 한다. 당연한 얘기지만, 음주 후 사우나도 금물이다. 술을 마신 뒤에는 탈수 증상이 나타나기 쉽기 때문이다.

# 사우나 7분,
# 찬물 샤워 2~3회를 반복하라

사우나를 좋아하는 사람은 사우나를 할 때 '쾌감을 느낀다'
라고 표현한다. 사실, 필자는 사우나에 대해 오랫동안 회의
적이었다. 뜨겁고 숨쉬기가 힘들 텐데, 건강에 좋을 리 없다
고 생각했기 때문이다. 그런데 친구의 권유로 사우나를 해
보고는 생각이 백팔십도 바뀌었다.

　필자는 7분 정도 사우나실에 들어갔다가 찬물로 샤워한
다. 그렇게 2, 3회를 반복한다. 냉탕은 너무 차가워 되도록
들어가지 않는다. 사우나와 찬물 샤워를 반복하다 보면 말
로 표현할 수 없을 만큼 기분이 좋아진다.

어째서 인간은 사우나를 하면 '쾌감'을 느끼는 것일까? 먼저, 사우나실에 들어가면 열로 인해 혈관이 확장된다. 그런 뒤 찬물로 샤워하거나 냉탕에 들어가면 혈관은 단번에 수축한다.

혈관이 수축하면 일시적으로 혈액의 흐름이 나빠진다. 그 후 물기를 닦고 바깥 공기를 쐬거나 실온에서 쉬면 서서히 혈관이 풀어진다. 자연스럽게 혈액이 돌기 시작한다. 혈액 순환이 촉진될 때 누구나 '기분 좋다', '상쾌하다'고 느낀다.

예전의 필자라면 생각할 수도 없는 일이지만, 지금은 사우나가 습관이 되었다. 벌써 5년째 꾸준히 계속하고 있다. 매일 아침 일과로 헬스장에 가는데, 그곳에서 운동은 하지 않고 사우나만 한다. 내게 딱 맞는 스타일이라고 할까.

개인마다 차이는 있겠지만, 적당히만 하면 사우나가 건강에 좋은 것은 분명한 사실이다. 그러니 무리하지 않는 선에서 자신에게 맞는 방식으로 사우나를 즐기자.

# 근력운동으로
# 세포를 활성화하라

헬스장에서 운동하지 않는다고 하면 고개를 갸우뚱하며 이렇게 묻는 사람이 더러 있다.

"전혀 운동하지 않는다고요?"

사실, 그렇지는 않다. 필자는 일상생활 중 이런저런 운동을 하며 의식적으로 몸에 부하를 준다. '운동화 신는 날'에는 계단을 사용하고, 지하철을 이용할 때는 환승 통로에서 멀리 떨어진 차량에 타는 등 생활 속에서 나름대로 열심히 운동한다. 게다가 여기에 더해 필자가 고안한 근력 운동도 한다. 해부학, 운동 생리학, 의학의 관점을 모두 반영해 부상 위험이 적고 세포를 활성화하는 데 도움되는 운동이다.

### ① 몸을 앞과 좌우로 숙이기

어깨너비로 서서 팔목을 교차해 손바닥을 맞대고 깍지를 낀다. 팔꿈치를 펴서 머리 위로 올린 다음, 천천히 호흡하면서 상체를 앞으로 숙인다. 왼쪽과 오른쪽으로도 숙인다. 이 동작을 10회 반복한다.

### ② 상체 크게 돌리기

①처럼 팔을 교차해 머리 위로 뻗어서 상체를 돌린다. 이때 허리가 아니라 손끝으로 크게 원을 그린다. 곧이어 반대쪽으로도 돌린다. 이 동작을 한 방향에 5회씩 반복한다.

### ③ 한 발로 선 뒤, 반대쪽 다리 뒤로 접어 발목 흔들기

다리를 벌리고 선다. 한쪽 다리를 뒤로 접어 같은 쪽 팔로 발목 위쪽을 잡는다. 발꿈치를 엉덩이 쪽으로 당겨 30초 정도 발끝을 까딱까딱한다. 다른 쪽 팔은 허리에 댄다.

이 운동을 하면 혈액 순환이 좋아진다. 꼭 따라 해보자.

# '아이소메트릭 운동'으로
# 근력을 키워라

아이소메트릭isometric 운동이라는 것이 있다. 고정된 자세에서 근육 길이의 변화 없이 일정한 힘을 가하는 운동이다.

　'아이소메트릭'은 '등척성等尺性', '등장성等長性'이라고도 하는데, '같은 길이'라는 의미다. 일반적인 팔굽혀펴기나 턱걸이 같은 운동은 팔을 굽혔다 펴는 동작을 반복하며 근력을 키운다. 이때 근육의 길이가 변한다. 반면, 천장을 보고 누워서 양쪽 다리를 수십 센티미터 올린 상태로 유지하면 복근에 부하가 가해진다. 고정된 자세를 유지하므로 근육의 길이는 변하지 않는다. 이것이 바로 '아이소메트릭 운동'

이다.

필자는 큰 힘이 들지 않는 아이소메트릭 운동을 권하고 싶다. 가령, 가슴 앞에서 양쪽 손바닥을 맞대어 미는 상태를 유지하면 가슴과 팔 근육이 단련된다. 벽에 등을 대고 '공기 의자'에 앉은 자세(무릎을 지나치게 구부리지 않는다)를 한 채 등으로 벽을 밀면 허벅지 근육이 강화된다. 이런 운동은 큰 힘이 들지 않으므로 부상 위험이 낮다. 돈도 들지 않고, 어디서든 할 수 있다.

의자에 앉아서 일할 경우, 양손으로 한쪽 무릎을 지그시 누르는 동시에 다리를 들어 올리려고 해보자. 허벅지에 적당한 부하가 가해진다. 횟수와 시간에 제한은 없다. 하지만 무리하지 않는 범위 내에서, 업무나 집안일할 때 '같은 자세로 있으니까 피곤하다'고 느낄 때 하면 좋다.

쉽게 할 수 있고, 근력을 키우는 동시에 혈액 순환도 좋아지므로 꼭 실천해보자.

제9장

# 건강한 몸을 유지하는 식사 습관

# 하루 2개의 바나나로
# 장 기능을 활성화하라

제9장의 주제는 '음식'이다. 이 장에서는 '음식'과 '섭취법'
에 대해서 이야기하고자 한다.

바나나를 활용한 장 건강법, 핫hot 스무디, 고기 섭취법 등
지금까지 당신이 몰랐거나 알면서도 실천하지 않았던 방법
을 습관화하라. 다양한 방법을 시도하다가 그중 자기에게
맞는 방법을 하나라도 발견한다면 그것으로 충분하다.

몇 년 전, 바나나 다이어트가 화제가 되어 슈퍼마켓에 바
나나가 동나는 사태가 발생했다. 실제로 바나나는 건강에
좋고, 장 환경을 건강하게 바꾸는 데 도움 된다.

장 기능을 활성화하는 데는 식이섬유를 빼놓을 수 없다. 식이섬유에는 물에 녹지 않는 불용성과 물에 녹는 수용성 두 종류가 있다. 저항성 전분(소화 기관에서 잘 소화되지 않는 전분으로, 대장까지 도달해 미생물에 의해 발효된다.–옮긴이)은 이 두 기능을 동시에 갖고 있다. 한데, 바나나를 먹으면 저항성 전분을 간단히 섭취할 수 있다. 혹시라도 혈당이 상승하고 지방이 쌓일지 걱정하는 사람도 있는데, 그럴 염려는 없다. 그러나 아무리 건강에 좋다고 해도 지나치게 많이 먹는 것은 바람직하지 않으니 하루에 두 개씩 꾸준히 섭취하라.

바나나는 꼭지가 초록색이었다가 노란색으로 변한다. 여기서 좀 더 익으면 갈색으로 변한다. 잘 알려지지 않은 사실이지만, 바나나 껍질 상태에 따라 건강 효과도 다르다.

장내 환경 안정이 목적이면 꼭지가 초록색인 바나나를 먹는 것이 좋다. 피부 개선과 지방 연소가 목적이면 비타민 B군이 많아지는 노란색 바나나 섭취를 권한다. 노화 방지, 면역력 향상, 위궤양 대책이 목적이면 인지질이 다량 포함돼 있고 폴리페놀양이 증가하는 갈색 바나나가 적합하다.

바나나는 건강에 많은 도움을 준다. 그러니 당신의 식생활에 바나나를 반드시 추가하라.

# 핫 스무디로 몸을 보호하라

건강을 위해서는 따뜻한 스무디를 마시는 것이 좋다. '스무디'라고 하면 차가운 음료를 상상하는데, 핫 스무디는 몸을 따뜻하게 해주고 기분을 진정시킨다. 단, 채소를 고를 때는 주의해야 한다. 가열하면 영양소가 파괴되는 것도 있기 때문이다. 필자는 사과, 당근, 브로콜리로 만든 핫 스무디를 마실 것을 권한다.

사과는 껍질째 따뜻하게 하면 수용성 식이섬유인 펙틴이 증가한다. 이는 장 건강을 위한 최고의 식재료다. 당근은 열을 가하면 베타글루칸이 증가한다. 베타글루칸은 항산화 작용을 하므로 젊음을 유지하는 데 도움 된다. 브로콜리에는 비타민C가 풍부하다. 원래 비타민C는 열에 약하지만, 브로콜리에 있는 비타민C는 잘 파괴되지 않는다.

조리법은 간단하다. 먼저, 당근 50그램(약 3분의 1개)을 얇게 잘라 1분 정도 데친다. 브로콜리 50그램도 뜨거운 물에 살짝 데친다. 여기에 같은 양의 사과와 꿀, 따뜻한 물을 부어 믹서기에 갈면 완성이다. 몸을 따뜻하게 하면서 건강에 좋은 성분도 포함되어 있으니 꼭 만들어서 마셔보라. 냉증과 부기가 신경 쓰이는 사람은 생강을 넣어도 좋다.

따뜻하므로 겨울에 마시는 것이 좋지만, 햇볕이 뜨거운 여름에 마셔도 좋다. 여름에는 땀을 많이 흘려 몸도 마음도 스트레스를 받기 때문이다. 서늘한 실내에서 핫 스무디를 마시는 것은 건강에 좋은 습관이다. 바쁜 일상에서 한숨을 돌리는 와중에 몸도 가벼워지는 것을 실감하게 될 것이다.

# 장의 상태를 잘 살펴라

건강 관리를 위해서는 '장의 피로도'를 철저히 확인해야 한다. 코로나 팬데믹 이후, 면역 기능에 대한 대중의 관심이 높아졌다. 면역력이 떨어지면 코로나뿐 아니라 여러 바이러스에 감염되기 쉽고, 증상이 심해지면 후유증으로 고생할 수 있다. 그런데 면역 세포의 약 70퍼센트가 장에 존재한다. 면역력을 높이기 위해 장내 환경을 잘 안정시켜야 하는 것은 그래서다.

당신의 장 상태가 어떠한지 다음 항목으로 자가 진단해보라.

- 변비 증상이 있어 매일 변을 보지 못한다.
- 변이 딱딱하거나 자주 설사한다.
- 갑자기 대변이 마렵다. 혹은 시간이 오래 지나도 대변이 마렵지 않다.
- 배변 후 복부 팽만감과 잔변감이 있다.

이 중 하나라도 해당하는 사람은 장이 지친 상태일 가능성이 크다. 장이 지쳤을 때는 좋은 균을 함유한 발효 식품(요구르트, 낫토, 된장 등)을 섭취하라. 적당히 운동도 하라.

전문가들은 장을 '제2의 뇌', '제2의 심장'으로 부른다. 연구 결과, 몸에 중요한 세포와 신경이 장에 모여 있다는 사실이 점점 밝혀지고 있다. '장이 지쳤다'고 느낄 때 장의 상태를 세밀히 살피고 신경 써라.

# 저녁 식사 때
# 발효 식품을 섭취하라

앞에서 '장의 피로'에 대해 살펴보았다. 이번에는 장의 상태를 안정시키기 위한 최적의 시간대를 알아보자. 장은 밤 10시부터 새벽 2시 사이에 가장 활발하게 활동한다. 먹은 음식을 이 시간대에 가장 열심히 소화하고 흡수한다는 의미다. 즉, 우리는 이 시간대에 장이 문제없이 활동할 수 있도록 불필요한 부담을 주지 말아야 한다. 그러기 위해서는 두 시간 전, 즉 저녁 8시까지는 저녁 식사를 마쳐야 한다.

장이 활발히 활동하기 위해서는 교감 신경 작용이 적당히 낮아지고 부교감 신경이 활성화해야 한다. 늦은 시간까지 TV나 스마트폰을 시청해 교감 신경을 자극해서는 안 된다. 휴식을 취하며 하루를 돌아보거나 내일을 생각하며 잠자리에 들 준비를 하는 게 좋다.

발효 식품을 섭취하는 것도 좋은 습관이다. 사실 발효 식품은 언제 먹어도 괜찮다. 그러나 되도록 장이 활발히 움직이는 시간대에 섭취하길 권한다. 그러면 영양분 흡수가 원활해지므로 더욱더 효과적이다.

자가 진단 결과, 장이 지친 사람은 생활 습관을 바꾸고 적당히 운동하라. 또한 저녁 식사 때 요구르트 등의 발효 식품을 섭취하라.

또 하나, 음식을 잘 씹어 먹어야 한다. 제대로 씹지 않고 음식물을 삼키면 위와 장에 부담을 주어 문제가 생긴다. 그러니 음식물을 꼭꼭 씹어 장에 부담되지 않게 하라. 이런 약간의 노력만으로도 몸 상태는 확실히 좋아진다.

# '먹지 않으면 안 된다'는
# 강박에서 벗어나라

"걱정거리가 있으면 음식물이 목구멍으로 넘어가질 않아요. 어떻게 하면 좋을까요?"

상담 도중에 이런 질문을 자주 받는다.

걱정거리가 있으면 식욕이 떨어지는 것은 당연하며, 누구나 겪는 증상이다. 이럴 땐 식욕이 없는 것이 정말 걱정거리 때문인지, 몸의 이상 때문인지부터 확인해야 한다. 만약 후자라면 자신도 모르는 질병을 앓고 있을 가능성도 있다. 식욕 부진이 5일에서 일주일 남짓 지속된다면 병원에 가라. 만일 걱정거리 때문에 식욕이 없다면? 필자는 '그렇게 무리

해서 먹지 않아도 된다'라고 조언하겠다.

누구나 먹고 싶지 않을 때가 있다. 이때 '먹지 않으면 안 된다'라는 고정관념과 강박이 가장 나쁘다. 하루 이틀 정도는 먹지 않아도 큰 문제가 생기지는 않는다. 병이 없고 튼튼하다면 곧 다시 먹고 싶어질 것이다. '음식물이 넘어가지 않으니 먹지 않는 것은 자연스러운 현상이다'라고 생각하면 오히려 안심된다. 몸 상태도 안정된다.

걱정거리 때문에 밤에 잠을 못 잔다거나 스트레스가 많아서 여러 번 깬다고 호소하는 사람도 있다. 이때도 마찬가지다. 억지로 잠들려 하기보다는 '잠이 안 오면 몸이라도 쉬게 하자'라는 마음으로 포기해야 한다.

깊이 잠드는 일은 생각보다 어렵다. 이를 위해서는 기본적인 주의 사항('일찍 식사와 샤워를 마친다', 'TV와 스마트폰을 늦게까지 보지 않는다' 등)을 지켜야 하지만, 그렇게 한다고 해서 깊이 잠들 수 있는 것은 아니다. 핵심은 '먹지 않으면 안 된다', '자지 않으면 안 된다'라는 강박에서 벗어나는 것이다. 순리를 거스르지 않고 받아들이는 것이 바로 자율 신경을 안정시키는 비법의 하나다.

# 고기는 채소·과일과
# 함께 먹어라

"장수하는 사람은 고기를 즐겨 먹는다"라는 말을 들어본 적 있는가? 이 말이 증명하듯, 고령자에게 부족하기 쉬운 단백질을 섭취하기 위해서는 고기와 생선을 많이 먹어야 한다. 그러나 단순히 먹기만 할 것이 아니라 어떻게 먹어야 좋은지 제대로 알아야 한다.

고기가 몸에 좋지 않다는 통념은 왜 생겨났을까? '지방' 때문이다. 지방이 혈액 속에서 산화하면 끈적해지기 때문이다. 필자는 '건강이란 양질의 혈액이 막힘없이 흐르는 상태'라고 자주 이야기한다. 혈액이 끈적해지면 질이 떨어지고 순환도 잘 안된다. 그 탓에 산소와 영양분이 몸속 구석구석까지 닿지 못할 뿐 아니라 노폐물이 쌓여 동맥 경화가 생길 위험도 커진다. 이렇듯 고기를 먹는 것은 좋지만, 부작용에 대한 대책도 세워두어야 한다.

첫 번째 방법은 지방이 적은 부위를 먹는 것이다. 소의 안심, 돼지의 볼기살, 닭가슴살을 주로 섭취하고, 소시지 같은 가공육은 피해야 한다. 몸에 좋지 않은 지방이 많기 때문이다. 또 다른 방법은 항산화 성분이 들어 있는 채소나 과일과 함께 먹는 방법이다. 베타카로틴을 다량 함유한 당근, 시금치, 소송채, 비타민C가 들어 있는 채소와 과일, 비타민E가 든 견과류와 호박을 의식적으로 함께 섭취하라. 안토시아닌이 다량 있는 블루베리, 루틴과 같은 폴리페놀이 많은 양파도 도움이 된다. 이런 항산화 성분은 혈액의 지방질을 산화시키는 활성 산소를 없애준다.

과식은 건강에 좋지 않다. 포만감을 느끼지 않도록 정량의 60퍼센트 정도만 섭취하는 것이 바람직하다. 이 점을 염두에 두고 무엇을 먹을지 고민하면 건강을 유지하는 데 도움 된다. 건강한 혈액을 만들고, 혈액 순환에 좋은 섭취법이니 반드시 실천해보라.

# '엑소좀'으로
# 세포를 젊어지게 하라

이번에는 건강, 미용, 노화 방지 영역에서 최근 화제가 되는 '엑소좀exosome'에 대해 이야기해보자. 엑소좀이 무엇인지 잘 몰랐던 사람도 앞으로 이 용어를 자주 듣게 될 것이다.

엑소좀은 '세포 밖 소포체extracellular vesicle'라는 물질의 하나다. 이렇게 말하면 무슨 의미인지 잘 이해가 안 될 것이다. 간단히 설명하자면, 우리 몸속 세포는 나노 크기의 캡슐을 바깥으로 분비한다. 그리고 세포끼리 정보를 교환하는 데 그것을 사용한다. 그 물질의 하나가 바로 엑소좀이다. 이와 관련된 연구는 진행 단계이므로 앞으로 많은 연구 결과가 나올 것이다.

엑소좀의 놀라운 점은 '젊은 엑소좀'을 주입하면 세포가 젊어지는 효과를 기대할 수 있다는 것이다. 극단적으로 비유하자면, 젊은 피를 빨아 먹으면 그 자신이 젊어지는 드라큘라와 비슷하다고 할까.

미용이나 노화 방지 영역에서는 이미 엑소좀 요법, 엑소좀 주사 등 다량의 엑소좀을 몸속에 주입하는 시술이 이루어진다. 향후 재생 의료 영역에서도 이 물질과 기술이 적극적으로 활용될 것으로 예측된다.

엑소좀 자체는 사실 특별한 물질이 아니다. 한약재에도 들어 있고, 우리가 평소에 먹는 레몬, 아보카도, 사과에도 다량 함유돼 있다. 필자가 처음 책을 출간했던 10여 년 전에는 자율 신경에 대해 모르는 사람이 많았다. 그러나 지금은 대다수 사람이 이것을 알고 있다. 그와 마찬가지라고 본다. 앞으로 엑소좀은 의료, 건강 분야에서 누구나 아는 용어로 자리매김할 것이다.

제10장

# 삶의 균형을 유지하는 습관

# 자율 신경의 긴장을
# 풀어주는 방향으로 생활하라

이 장의 주제는 '자기만의 방식'이다. '자기 자신'은 자율 신경을 안정시키는 과정에서 매우 중요한 키워드다.

'자신'과 '다른 사람'은 다르다. 당연한 얘기다. 그러나 다른 사람을 신경 쓰지 않고, 자기 영역을 지키는 사람이 과연 얼마나 될까? 직장이든 그 밖의 커뮤니티든 모두 똑같은 일을 하는데, 자기만 하지 않기는 말처럼 쉽지 않다. 모두 회식에 참석하는데, 자기만 빠지면 신경이 쓰일 수밖에 없다. 모두 사내 메신저에서 상사의 말에 반응을 보이는데, 자기만 무시하기는 어렵다. 이렇듯 남의 눈치를 보며 말하고 행동하는 상황은 헤아릴 수 없이 많다.

'이렇게 해야 한다', '이렇게 해선 안 된다'라는 정답이나 오답은 없다. 다만 그 의사 결정의 결과로 '얼마나 자율 신경 균형이 깨지지 않는가?'가 중요할 따름이다.

사내 채팅방에서 일어나는 대화에 일일이 반응하기 싫다면 거기에 맞는 자기 방식을 만드는 수밖에 없다. 반대로, 자기만 반응하지 않는 것이 신경 쓰인다면 독자적인 원칙을 세우고 대처법을 마련해야 한다.

현대 사회는 개인의 시대, 다양화의 시대, 다양성과 포용의 시대다. 동시에 SNS 등 디지털 커뮤니케이션 도구의 발달로 다른 이들은 무엇을 하면서 사는지 지나치게 신경 쓰는 시대이기도 하다.

이런 시대에 우리는 어떻게 생활해야 하고, 일해야 하고, 소통해야 할까? 자율 신경을 흩뜨리지 않고 살아갈 수 있는 '자기만의 방식'은 무엇인지 진지하게 생각해보라.

# 최선을 다하되 기대는 버려라

세상에는 낙관적인 사람도 있고 비관적인 사람도 있다. 타고난 성격이니 어느 쪽이 좋다고 말할 수는 없다. 다만 자율신경을 염두에 두고 보면 비관적인 사람보다는 낙관적인 사람이 컨디션을 유지하는 데 좀 더 유리하다.

필자는 천성이 낙관적인 편이다. 그렇다고 해서 모든 일이 잘될 거라고 기대하지는 않는다. 오히려 그 반대에 가깝다. 기본적으로 '인생은 그리 만만하지 않다', '잘되지 않는 것이 당연하다'라고 생각한다. 쓸데없이 기대하지 않는다고 해야 할까. 필자는 '아무도 신뢰하지 않는다', '모든 것은 자기 책임이다'라는 말도 자주 한다. 이 또한 앞에서 말한 생각의 연장선에 있다.

이 책을 읽는 독자는 어쩌면 필자가 비관적인 사람이라고 느낄지 모르겠다. 그렇지는 않다. 필자는 인생이란 본래 그런 것이므로 무슨 일이 생겨도 괜찮다고 받아들이려 노력하는 편이다. 거창하게 말하자면 '새로운 낙관주의'라고 할까.

필자는 자주 강연을 의뢰받는다. 그럴 때마다 소중한 시간을 내고 비용을 들여서 강연회를 찾아준 분들에게 조금이라도 보탬 되는 정보를 주고 싶어진다. 그 시간이 의미 있기를 바라기 때문이다. 그러나 모든 이가 그 시간을 즐겁고 유익하게 여기지는 않는다. 인생은 그렇게 만만하지 않다. 그러므로 '한 명이라도 좋았다고 느낀다면 성공'이라는 마음으로 강단에 선다. 집필할 때도 마찬가지다. 책을 읽는 독자를 모두 만족시키기는 불가능하다. 그러므로 언제나 최선을 다하되 큰 기대를 하지는 않는다. 이런 마음으로 임하면 자율 신경이 안정되어 좋은 컨디션과 성과로 이어진다.

모든 일이 '그렇게 잘될 리 없다'라는 새로운 낙관주의는 오히려 건강한 삶에 도움 된다.

# '즐겁게 일하자'라는 생각으로
# 자신을 기만하지 말라

'하고 싶은 일을 직업으로 삼는 것이 최고다', '아무튼 일을 즐기자'라는 메시지를 자주 접한다. 요즘은 '일에서 즐거움을 찾아야 한다'고 생각하는 사람이 많은 것 같다. 일을 즐겁게 할 수 있다면 물론 '좋은 일'이다. 매일 설레며 일하는 시간을 기대할 테니 건강에도 도움 된다. 그러나 필자는 '일을 즐겁게 하자'라는 사회의식에 회의적인 편이다.

세상에는 일이 즐거운 사람도 있겠지만, 일하는 게 힘들어서 견딜 수 없는 사람도 적지 않다. 이런 사람에게 '즐겁게 일하자'라고 하면 오히려 의욕을 잃기 쉽다. 자칫 화가

치밀 수도 있다. 힘들고 고통스러운 상황에서 애를 쓰는 사람에게 그런 말을 하는 것은 기만이다. 출판사 겐토샤幻冬舍 사장 겐조 도루見城徹와 IT 기업 '사이버에이전트'의 사장 후지타 스스무藤田晋가 함께 쓴 『우울하지 않으면 일이 아니다』(『憂鬱でなければ、仕事じゃない』, 講談社, 2011)라는 책이 있다. 필자는 이 책이 진실을 전한다고 본다. 이 책의 주요 메시지대로, 힘들고 우울한 상황에서도 나름대로 컨디션을 잘 유지하며 안정된 실적을 내는 사람이 일류다.

　필자는 일부러 짬을 내어 휴식을 취하지 않는다. 안 그래도 우울한데, 쉬었다 일하려면 리듬을 찾기 위해 더 많은 에너지를 쏟아야 하기 때문이다. 필자는 학회 참석차 해외에 다녀오면 곧장 집에 가지 않고 병원으로 향한다. 자연스럽게 일상으로 돌아가기 위한 방편이라고 할까.

　'즐겁게 일하기'와는 거리가 멀지만, 이런 방법도 있다.

# 조직 내의 자신을
# 인생의 전부로 여기지 말라

필자는 상담할 때 자기 힘으로 통제할 수 있는지 없는지 생
각한 뒤, 후자라면 신경 쓰지 말고 전자에 좀 더 관심을 기
울이라고 조언한다. 그런 의미에서 우리는 조직에서 벗어
난 자율적인 생활방식을 갖춰야 한다. 그만큼 자신이 통제
할 수 있는 영역이 늘어나기 때문이다. 이렇게 말하면 '프리
랜서가 되거나 창업하라는 건가?'라고 생각하기 쉽다. 그런
의미가 아니다.

  프리랜서로 일하거나 창업하면 조직에서 벗어나 독립적
으로 일하게 된다. 필자가 전하고자 하는 메시지는 조직 내

자신을 인생의 전부로 여기지 말라는 얘기다.

직장 생활을 하다 보면 상사가 자기 능력을 정당하게 평가해주지 않아 스트레스를 받을 때가 있다. 자신이 담당하는 게 당연한 자리를 자기보다 능력이 떨어지는 동료가 차지하는 경우도 드물지 않다. 조직 내에서 하는 일이 만족스럽지 않을 때도 많다. 전부 흔히 일어나는 상황이다.

이러한 고민이나 걱정은 대부분 자기가 통제할 수 없는 일이다. 아무리 고민하고 괴로워해도 해결책은 나오지 않는다. 이럴 때 그 조직이 자기 인생의 전부라고 여기면 우울한 기분에서 벗어나기 어렵다.

조직 내의 일이 잘 풀리지 않더라도 "그게 전부는 아니니까……"라고 가볍게 말할 수 있는 삶(허세를 부리라는 얘기가 아니다)이 바로 필자가 말하는 진정으로 '조직에서의 독립'을 이룬 상태다.

가정생활이든, 취미든, 지역 봉사 활동이든 무엇이든 좋다. 당신의 인생을 풍요롭게 하는 요소를 여럿 준비해두고 조직 '바깥'에 선 자신을 만들어라.

# 최악의 상황에 대비하라

주변을 둘러보다 보면 '저런 상황에서는 차라리 그만두는 게 나을 텐데……', '저렇게까지 하면서 직장에 붙어 있을 필요는 없는데……' 하고 느낄 때가 있다. 자신이 줄을 선 상사가 갑자기 힘을 잃은 탓에 말도 안 되는 푸대접을 당하기도 한다. 업무 능력을 인정받고 회사를 잘 다니던 사람이 어떤 이유에서인지 갑자기 분야가 전혀 다른 한직으로 밀려나는 경우도 더러 있다.

이런 상황에서는 그만두지 않고 버티는 것도 선택지 중 하나다. 사람들은 왜 그런 선택을 할까? 지금의 직장이 더 나은 미래를 보장해주기 때문이라기보다는 갑자기 그만둔 이후의 삶이 두렵기 때문인 경우가 대부분 아닐까.

뭔가를 그만두는 데는 용기와 결단이 필요하다. 용기 있는 결단을 내리는 사람과 그렇지 못한 사람은 무엇이 다를까? 결단력은 여러 능력 중 하나다. 물론 개인마다 지닌 성격 차이도 있을 수 있다. 아무튼, 평소에 최악의 상황을 얼마나 냉철하게 의식하느냐가 결정에 영향을 미친다. 그런 맥락에서 '만일 이런 상황이 되면 어떻게 할까?', '이럴 땐 어떤 선택을 해야 할까?' 등의 생각을 미리 해두는 것이 좋다.

인생을 살다 보면 흐름이 좋을 때도 있고 나쁠 때도 있다. 흐름이 나빠졌을 때 어떻게 할지 진지하게 고민해야 한다. 결단력 있는 사람은 안 좋은 상황이 닥쳤을 때 그 자리에서 바로 결정하는 것처럼 보이기 쉽다. 그러나 실제로는 평소에 그런 상황에 치밀하게 대비해두었기 때문에 과감히 결단할 수 있다.

결단력은 '새로운 인생을 준비하는 힘'이다. 자기답게 인생을 살기 위해서라도 나쁜 일이 일어났을 때를 대비하라.

# 대부분의 하루 업무를
# 오전 중에 끝내라

인간의 생체 리듬은 오전에 컨디션이 좋도록 설계되어 있다. 오전 시간을 잘 활용하면 주요 업무나 여러 잡무를 효율적으로 처리할 수 있는 것은 그래서다. 이 맥락에서 아침에 일어나는 것이 힘들지 않다면 이른 아침에 업무를 시작할 것을 권한다.

새벽 4시쯤 일어나 아침을 먹고 5시부터 일을 시작한다. 재택근무가 가능하다면 집에서 한두 시간 정도 업무를 처리한다. 출근해야 하는 날은 6시까지 사무실에 가서 8시까지 일한다. 그 후 30분 정도 쉰 다음, 다시 11시까지 일한다.

그러면 오전 중 대부분의 일이 마무리된다.

자율 신경 상태가 좋은 아침 시간에 혼자 집중해야 하는 업무를 처리하도록 노력하라. 회의나 미팅은 오후에 잡아라. 사람들과 소통함으로써 교감 신경을 활성화할 수 있다. 그 점을 적극적으로 이용하라는 의미다. 오후 3시쯤 되면 하루 업무가 모두 끝난다.

개인차는 있겠지만, 이 사이클을 따르면 대부분 효율적으로 일할 수 있다. 회사 규정이나 환경 등 여러 문제가 있겠지만, 이런 방식을 적극적으로 활용해야 한다.

필자는 런던에 있는 병원에서 일한 적이 있다. 당시 그곳에서는 모두 이와 유사한 사이클로 일했다. 새벽 6시에는 다들 움직이기 시작한다. 7시에는 미팅을 한다. 7시 반에는 수술실에 들어간다. 특별한 일이 없으면 오후 3시에 퇴근한다. 이는 여담인데, 그래서인지 저녁에는 맥주를 마신 기억밖에 없다.

06

# 자기 생체시계에 맞게 움직여라

필자는 오전 시간을 충실히 보내기 위해 하루를 일찍 시작하는 편이다. 좀 더 시간을 알차게 보내고 싶은 마음에 새벽 4시 반부터 한 시간 정도 산책을 해본 적도 있다. 어쩐지 몸에 좋을 것 같지 않은가? 그런데 웬걸, 이런 방식은 필자에게 전혀 맞지 않았다.

처음 산책할 때는 기분이 좋았다. 산책 후 아침을 챙겨 먹고 나면 최고의 하루를 시작하는 기분이 들었다. 그런데 몇 개월 지속하다 보니, 오전 9시나 10시쯤 되면 이상하게 몸이 무겁고 집중력이 떨어지는 등 컨디션이 좋지 않았다. 처음에는 '오늘은 피곤한가 보다' 하고 대수롭지 않게 여겼다. 그러다가 컨디션이 좋지 않은 날이 늘자 '혹시 아침 산책이 원인이 아닐까?' 하는 생각이 들었다.

아침에 산책하지 않고 예전대로 새벽 5시 전후에 일어나 커피를 마시며 가볍게 일을 시작하는 방향으로 변화를 준 것은 그래서였다. 그러자 컨디션이 좋아졌다. 이 경험을 통해 필자는 자신에게 맞는 건강 습관을 들이는 것이 중요하다는 교훈을 얻었다.

이 책에서 필자는 독자 여러분에게 여러 가지 제안과 조언을 하는데, 마음이 가는 것이 있다면 따라 해보길 권한다. 그러나 한동안 실천해보다가 자신에게 맞지 않는다고 판단되면 즉시 그만두어야 한다.

사람의 몸에는 생체시계가 있다. 이 생체시계는 개인마다 다르다. 아침 일찍 일어나 가볍게 달리기하며 자율 신경을 안정시키는 사람도 있고, 아침 시간은 느긋하게 보내고 저녁에 산책할 때 한결 컨디션이 좋아지는 사람도 있다. 젊어서 적응력이 있고 유연할 때는 이리저리 생활 리듬을 바꿔볼 수 있겠지만, 30대 이후가 되면 그게 마음먹은 대로 되지 않는다.

수면, 식사, 운동이 컨디션 조절의 기본이다. 이 세 가지를 어느 타이밍에, 어떤 방식으로 실천할지 진지하게 고민해보자.

# 다른 사람의 평가에
# 흔들리지 말라

누군가에게 좋은 말을 들으면 기분이 좋고, 안 좋은 말을 들으면 기분이 나쁘다. 누구나 그럴 것이다. 필자는 '좋은 말을 듣든 안 좋은 말을 듣든 그 사람의 개인적인 의견에 불과하다'고 생각하라고 권하고 싶다. 이것이 자율 신경을 흐트리지 않는 생활 방식이라고 믿기 때문이다.

앞에서도 필자는 다른 사람의 평가에 흔들리지 말라고 조언한 바 있다. 다른 사람의 평가는 그때그때 달라지기 마련이다. 인간은 자기가 하고 싶은 대로 말하고 행동하는 존재이기 때문이다. 예전에는 필자도 다른 이에게 좋은 평가를 받고 싶어 주위 사람들을 의식하며 살았다. 그러다가 본 격적으로 자율 신경을 연구하면서 다른 이들의 말에 신경 써봤자 좋을 게 하나도 없다는 사실을 깨달았다.

다른 사람에게 좋은 평가를 받으면 당연하게도 기분은 좋다. 그러나 한번 냉정하게 생각해보자. 누군가에게 좋은 평가를 받았다고 해서 자기 인생이 바로 장밋빛으로 변하는가? 반대로, 누군가에게 안 좋은 평가를 받았다고 해서 자기 인생이 급격히 나빠지는가? 사람들의 평가나 이런저런 말과 행동은 당신의 인생에 별로 영향을 미치지 않는다. 설령 영향이 있다고 해도 자율 신경을 흩뜨리는 정도가 아닐까?

대중을 상대로 강연하고, 책을 출판하고, TV나 라디오 프로그램에 출연하다 보면 이런저런 사람이 별의별 말을 다 하는 것을 듣게 된다. 모두 그들 각자의 개인적인 의견에 불과하다. 그들이 그런 말을 하는 것은 자유다. 그것에 반응하지 않는 것은 당신의 자유다. 그러니 일일이 반응하고 신경 쓸 필요가 없다.

누군가에게 안 좋은 평가를 받았을 때는 다음의 내용을 기억하자. '가치 없는 누군가의 개인적인 의견에 일일이 반응해서 자신의 자율 신경을 어지럽힐 필요가 전혀 없다는 것'을. 굳이 반응하고 싶다면, 당신을 기분 좋게 해주는 사람의 말에만 반응하면 된다.

# 자신에 대해서는 낮춰 말하라

우리는 무의식적으로 다른 사람에게 잘 보이고 싶어 한다. 초면인 사람에게 자기를 소개할 때 그런 경향이 뚜렷이 나타난다. 자신이 얼마나 큰 회사에 다니는지, 얼마나 중요하고 가치 있는 일을 하는지, 얼마나 유명한 사람과 교류하는지 등을 장황하게 늘어놓기도 한다. 자신이 얼마나 잘났는지 어필하고 싶어서일 텐데, 칭찬받을 만한 행동은 아니다.

애초에 그런 자랑을 늘어놓아도 곧이곧대로 듣는 사람은 많지 않다. "대단하시네요", "훌륭하세요"라고 말하지만, 속으로는 '자랑하는 것을 좋아하는군', '과대 포장이 심하네'

라고 생각할 가능성이 크다.

이는 여담인데, 필자는 상대방의 자기 자랑을 듣는 것이 싫지만은 않다. 왜냐하면 상대방의 자랑을 듣는 동안 굳이 말하지 않아도 되기 때문이다. 자율 신경을 어지럽히지 않는 비법은 나쁜 것을 보지도, 말하지도, 듣지도 않는 것이다. 그중에서도 '말하지 않는 것'이 가장 중요하다. 상대방의 자기 자랑을 듣고 있는 한 그럴 위험은 없다.

만일 자신에 대해 말해야 한다면 낮춰서 말하라고 권하고 싶다. 어떤 일을 하느냐는 질문을 받으면 무난하게 답하라. 자기가 이뤄낸 성과나 공적 등은 말하지 않는 것이 좋다. 필요 이상으로 자신을 크게 보이려고 애를 쓰면 그 행위 자체가 자율 신경을 어지럽힌다. 게다가 자기 결점이 드러나지 않게 하려는 마음에 필사적으로 얼버무려야 한다. 그런 일에 신경 써서 컨디션을 떨어뜨리는 것은 어리석은 짓이다. 결국 알 사람은 다 알게 되고, 때가 되면 다 드러날 일 아닌가. 그러니 굳이 자신을 높이거나 과대 포장할 필요는 없다.

# 자신이 잘하는 일에서
# 승부를 걸어라

자기 방식대로 인생을 살아가려면 자신이 잘하는 영역에서 승부를 걸어야 한다. 사람마다 잘하는 일과 잘 못하는 일이 있기 마련이다. 당연하게도, 자신이 잘하는 일을 하는 게 좋다.

이런 말을 하면 못하는 일에 도전하는 행위는 의미가 없냐고 묻는 사람이 있다. 그런 얘기를 하자는 게 아니다. 노력하고 도전해서 잘하지 못하던 일을 잘하게 되는 것은 그 자체로 의미가 있고 근사하다. 어린아이가 꾸준히 노력해서 젓가락질할 줄 알게 되고 말을 배우는 것처럼, 생활에 필요한 기본적인 사항은 누구나 연습해서 익힐 필요가 있다. 그러나 그 이상의 일은 사람에 따라 노력하면 되기도 하고 안 되기도 한다. 모든 일에 신체적, 정신적 에너지를 쏟아부을 수는 없는 노릇이다. 이는 '노력하면 되는 일'에 열정과 에너지, 시간을 쏟는 것이 중요하다는 의미다.

외과 의사를 예로 들어보자. 그에게는 손끝의 섬세함이 매우 중요하다. 그러나 태생적으로 섬세하지 못한 사람이 노력만으로 섬세해질 수는 없다. 노력하지 않을 때와 비교하면 물론 어느 정도 나아지겠지만, 탁월한 실력을 기르기는 어렵다. 이런 식의 판단은 인생에서 매우 중요하다. 자신이 최선을 다해 노력했을 때 목표에 도달할 수 있는지 없는지는 자기 자신만이 알 수 있다. 그러니 냉철하게 자신을 돌아보고 판단하는 습관을 들여라.

다시 말하지만, 인생의 도전을 깎아내리거나 부정하려는 의도는 절대 아니다. '자신다운 삶'을 살기 위해서는 자기가 잘하는 일이 무엇인지 정확히 알아야 한다는 의미다.

제11장

# 인생을 풍요롭게 하는 생활 습관

# '안녕하세요', '고맙습니다'라고
# 기분 좋게 말하라

마지막 장의 주제는 '인생을 풍요롭게 하는 습관'이다. 오랫동안 자율 신경을 연구해오면서 수많은 강연을 했고, 취재 요청도 많이 받았다. 그로 인해 생긴 다양한 경험 덕분에 필자는 많은 것을 생각해볼 수 있었다. 이 장에서는 그 소중한 경험들에 대해 얘기해보고자 한다.

자율 신경에 관한 이야기가 많지만, 종교적이거나 철학적인 이야기도 있다. 예로부터 사람들은 종교에서 마음의 평안과 위안을 얻었다. 철학과 사상의 도움으로 생각을 정리해 '삶의 축'을 형성하기도 했다. 그것들은 모두 자율 신경과 밀접한 관련이 있다.

이 장에서는 우선 삶의 의미에 대해 생각해보려고 한다. 고난이 닥쳤을 때 당당히 맞서는 사람도 있고, 겁을 내며 도망치는 사람도 있다. 필자는 의사일 뿐 어떤 행동이 옳은지 그른지 가릴 자격은 없다. 그러므로 어떤 선택을 하든 자율신경의 안정을 찾아서 좋은 컨디션으로 사는 방향으로 조언할 뿐이다.

이 장에서 필자는 풍요로운 삶을 살기 위해 '안녕하세요'와 '고맙습니다'를 기분 좋게 말하라는 조언도 할 것이다. 뻔한 소리라고 생각하는 독자도 있을 수 있다. 그럼에도 이 두 문장을 날마다 기분 좋게 말하는 사람과 그렇지 않은 사람 사이에는 삶의 만족도 면에서 큰 차이가 있다는 점만은 분명하게 말할 수 있다.

그 밖에 다른 사람과의 관계에 대한 생각 등 인생 전반에 관한 다양한 이야기도 들려줄 계획이다. 자기 삶의 만족도를 한층 높일 힌트를 이 장에서 발견하기를 바란다.

# 살아 있는 동안
# 쉼 없이 수행하라

2022년 크리스마스에 장인어른이 돌아가셨다. 당시 연세도 많으셨고, 필자와 아내 모두 의사여서 장인어른의 몸 상태를 순간순간 세밀히 체크하고 있었기에 담담히 받아들일 수 있었다.

장례식 때 스님이 이런 말씀을 했다.

"우리는 살아 있는 동안 수행하는 것이다. 그 수행을 마쳤을 때 사람은 죽는다. 그렇게 생각하면 죽음도 그리 나쁜 일은 아니다."

'사는 동안 매일매일 수행이다'라는 말에 필자는 크게 공감했다. 우리 일상에는 기쁘고 즐거운 일도 있지만, 힘들고 고통스러운 일도 많다. 그런 상황에 부닥치면 '대체 내가 지금 무엇을 하는 건가'라고 생각하게 된다. 그럴 때 '인생은 수행'이라고 생각하면 넉넉히 받아들일 수 있게 된다. 이런 식의 인식이야말로 자율 신경을 안정시키는 좋은 방법이다.

자기 자신에게 불행과 고난이 닥쳤을 때 어떻게 받아들여야 할까? '인생은 수행이니 그럴 수 있다'라고 담담히 받아들이도록 노력하라. '하나하나 차근차근히 해나가는 수밖에 없다'라고 긍정적이고도 여유롭게 생각하면 바로 그 순간부터 자율 신경은 안정되기 시작한다.

필자는 직업과 일의 특성상 사람의 마지막 순간을 지켜볼 기회를 자주 만난다. 뜻밖에도 숨을 거둘 때 사람들은 평온한 얼굴이 된다. 어쩌면 그것은 '수행을 마친 순간의 얼굴'이기 때문이 아닐까? 정말로 그럴지 모른다는 생각이 든다.

# 현실에서 도피한다고
# 삶이 편안해지지 않음을 배워라

우리 인생은 하루하루가 수행이라는 얘기를 들려주자, 뜻밖의 질문을 받은 적이 있다.

"말씀하신 대로, 고난이 닥쳤을 때 거기에 맞서는 사람은 수행하는 것으로 볼 수 있겠죠. 그런데 거기에 맞서지 않고 도망치는 사람은 대체 뭔가요?"

인상적인 질문이었다. 고난에 맞서지 않고 도망치는 사람은 수행하지 않는 게 아니냐는 주장인데, 곰곰이 생각해 볼 만한 질문이라고 생각했다. 독자 여러분은 어떻게 생각하는가? 그 또한 수행의 일종이라고 필자는 생각한다. 왜냐하면 사람들이 한평생 살아가는 모습을 관찰해보면 도망쳤다고 해서 편하고 행복한 삶이 기다리는 것은 아니라는 사실을 깨닫게 되기 때문이다. 도망친 사람은 잠시 편할지 몰라도 또 다른 수행이 그를 기다리고 있다.

다른 사람에게 피해를 주는 사람, 쉽게 배신하는 사람, 자주 험담하는 사람, 툭하면 남 탓하는 사람에게도 저마다 그에 상응하는 수행의 시간이 닥쳐온다. 인생은 플러스마이너스 제로다. 도망치거나 다른 사람에게 피해를 주는 사람도 결국 나름대로 수행하는 셈이다.

필자는 성인군자도 아니고, 이 책은 좋은 인간으로 살기를 권하는 내용을 담고 있지도 않다. 고난에 맞서 다른 사람에게 피해를 주지 않으려 애쓰는 사람도, 도망치기만 해서 다른 사람에게 피해를 주는 사람도 저마다 나름의 수행을 하는 것으로 여긴다. 그중 어떤 수행을 어떻게 할 것인지는 오롯이 자신에게 달렸다.

필자는 그저 의사로서 어떤 인생이든 플러스마이너스 제로, 죽을 때는 모두 평등하다고 느끼고 주장할 따름이다.

# 벌어진 일이 아니라
# 만회할 수 있는 일에 집중하라

'긍정적으로 산다.' 자주 듣는 말이기는 한데, 과연 무슨 의미일까? 필자는 '긍정적'이란 만회할 수 있는 일에 초점을 맞추는 것으로 여긴다. 예를 들어, 당신이 일하다가 뭔가 실수를 저질렀다고 가정해보자. 이때 그 실수 자체를 생각하는 것은 잘못된 행동이 아니다. 그러나 '왜 그런 일을 저질렀을까?', '왜 그 순간, 바보같이 알아차리지 못했지?' 하며 자책하고 후회만 한다면 바람직하지 못하다. 왜냐하면 이미 벌어진 일은 아무리 애를 써도 돌이킬 수 없기 때문이다. 반면, '그때 확인했다면 그런 황당한 실수는 하지 않았을 텐데……', '또다시 그런 상황이 벌어진다면 최대한 냉정하게 생각하도록 노력하자'라고 진지하게 반성하며 미래를 대비한다면 긍정적이다.

살다 보면 필연적으로 많은 문제가 발생한다. 그런 상황에서 긍정적으로 생각하며 살아가기를 바란다. 되돌릴 수 없는 일을 놓고 끙끙대며 걱정하는 대신 지금 잘 처리할 수 있는 일에 초점을 맞추고 최선을 다하라.

필자는 인생의 전환점은 무슨 일이 일어난 순간이 아니라 '그다음 순간'에 찾아온다고 생각한다. 럭비 경기에서 척추 손상을 입어 목 아래 부위를 움직일 수 없게 된 후배가 있다. 그에게 인생의 전환점은 그 사고가 일어난 순간이었을까? 아니다. 필자는 사고 이후 그가 긍정적으로 살기 위해 노력하기 시작한 바로 그 순간이라고 생각한다.

이미 벌어진 일이 아니라 지금부터 잘할 수 있는 일에 초점을 맞추어라. 말은 쉽지만, 실천하기는 절대로 쉽지 않다. 상황에 따라 혹독한 의미를 담고 있을 때도 있다. 그러나 그런 상황을 꿋꿋이 이겨내야만 진정으로 긍정적인 삶을 살아갈 수 있다.

# 결과와 평가를
# 분리해 생각하는 습관을 들여라

앞에서 여러 번 강조했는데, 다른 사람의 평가는 자칫 자율 신경을 어지럽힐 수 있고, 생활하는 데 방해가 된다. 결론부터 말하자면, 다른 사람의 평가보다 자신이 무엇을 어떻게 하고 싶은가에 집중해야 한다. 물론 말처럼 쉽지는 않다.

강연하다 보면 '어떻게 해야 다른 사람의 평가를 의식하지 않고 살아갈 수 있는가?'라는 질문을 종종 받는다. 이는 어려운 질문이다. 필자는 어떤 상황에서도 '자신이 할 수 있는 일을 하는 것'이 가장 중요하다고 생각한다. 일의 결과나 다른 사람의 평가는 자신이 통제할 수 없으므로 그 둘을 확실히 분리하라는 얘기다.

자신이 통제할 수 있는 행동 가운데 특별히 권하고 싶은 것이 있다. 기분 좋게 "안녕하세요", "고맙습니다"라고 말하는 것이 그것이다.

당신은 오늘 몇 번이나 이 말을 했는가? 이 질문을 의식하면 내일은 오늘보다 더 자주 기분 좋게 "안녕하세요", "고맙습니다"라고 말할 수 있을 것이다. 자신이 할 수 있는 일에 주목하고 집중한다는 것은 이런 것이다.

다른 사람에게 좋은 평가를 받지 못하면 누구나 불평 한마디쯤 하고 싶어진다. 뜻대로 되지 않는 일이 있으면 기분이 우울해진다. 그럴 때 "안녕하세요", "고맙습니다"라고 기분 좋게 말하라.

이 장의 주제는 '인생을 풍요롭게 하는 습관'이다. 당신이 생각하는 풍요로운 인생은 어떤 것인가? 적어도 이 두 마디 말을 날마다 기분 좋게 하는 사람의 인생은 행복할 수밖에 없다.

# 전력투구 하지 말고
# 60~70퍼센트의 힘만 쏟아라

모든 일에 전력을 다하면 과연 좋은 결과가 나올까? 그렇지 않다. 이게 무슨 말인가 싶어 의문을 제기하고 싶은 사람도 있을 수 있다. 한마디로, 적당히 힘을 뺄 줄 알아야 한다는 의미다.

살다 보면 전력을 기울여야 하는, 즉 100퍼센트를 넘어 120퍼센트 열정과 에너지를 쏟아야 하는 순간도 있을 수 있다. 그러나 인생은 장기전이다. 흐름이 좋을 때도 있고 나쁠 때도 있다. 그 과정을 모두 지나서 끝내 살아남아야 한다. 여기에 필요한 비법이 대부분의 일을 60~70퍼센트 정도의 열정과 에너지를 쏟아서 하라는 조언이다.

이는 충분히 오해를 낳을 수 있는 주장이라는 점도 잘 안다. 그럼에도 필자는 당신이 하는 일에 100퍼센트가 아닌 60~70퍼센트 정도만 열정과 에너지를 쏟으라고 권하고 싶다. 모든 일에 전력을 다하면 누구나 언젠가는 지칠 수밖에 없다. 게다가 전력을 다했는데도 그에 대해 보상받지 못하는 상황이 이어진다고 가정해보자. 그러면 당연히 뭔가를 기대하게 되고, 다른 사람의 평가에 신경 쓰게 된다. 한발 더 나아가, 자신이 통제할 수 있는 상황을 벗어난 일에 쓸데없이 관심을 기울이게 된다. 이는 우리가 연약한 인간이기에 어쩌면 당연한 일이다.

이런 상황에서 당신은 전력을 기울이는 일이 과연 그만큼의 가치가 있는지 진지하게 고민해야 한다. 시간에 쫓기고, 직장이나 커뮤니티 내 인간관계 때문에 스트레스를 받으면서 하는 그 일은 과연 당신이 인생을 다 바쳐서 해야 하는 일일까? 이 점을 냉정하고 차분하게 생각해보자. 우리의 인생행로에는 오히려 60~70퍼센트 정도의 힘만으로 하는 것이 적절한 경우도 많다.

육체적으로든 정신적으로든 적당히 힘을 빼면 자율 신경

이 안정된다. 이로써 당신은 오히려 더 나은 성과를 얻을 수 있다. 만일 당신이 날마다 '약간 힘들다'라고 느낀다면 지나치게 힘을 쏟고 있어서일 가능성이 크다. 그러니 대부분의 일을 60~70퍼센트 정도의 열정과 에너지만으로 하자. 이 점을 명확히 인식하는 것만으로도 마음의 안정을 찾기 쉬워진다.

# 몸과 마음을 끊임없이 움직여라

이 장의 주제는 '인생을 풍요롭게 하는 습관'이다. '풍요로운 인생'이란 과연 무엇일까? 사람에 따라 다르겠지만, 필자는 '언제나 설레는 인생'이라고 생각한다. 뭔가를 이루거나 큰돈을 벌 때도 풍요로움을 느낄 수는 있을 것이다. 그러나 그런 일이 없어도 날마다 설레는 기분으로 보낼 수 있다면 인생은 한층 풍요로워질 것이다. 그렇게 하기 위해서는 '쉬지 않아야' 한다.

쉬지 않아야 한다는 말이 휴식을 취하지 않고 계속 일하라는 뜻은 아니다. 필자가 전하고자 하는 것은 몸과 마음을 꾸준히 움직이라는 의미다. 나이와 상관없이, 자신이 어떤 상황에 부닥쳐 있든 새로운 무언가에 관심을 두고 공부할 수 있다. 그 '감성의 안테나'를 쉼 없이 연마하는 태도가 바로 마음을 움직이고 쉬지 않는 것이다. 몸을 움직여서 밖으로 나가는 것도 좋다. 집에 틀어박혀 있으면 마음을 설레게 만드는 자극을 얻기 어렵기 때문이다.

필자는 '내 인생이 최고의 상태라면 오늘 무엇을 할까?'라는 질문을 자신에게 자주 던진다. 그런 생각을 하는 것만으로도 이미 최고의 인생을 살기 위한 준비를 반쯤 마친 셈이라고 여긴다. 돈, 시간, 마음의 여유, 사람들과의 교류, 이 모든 것이 충족된 상태의 나는 앞으로 무엇을 할 것인가? 여행을 떠날 수도 있고, 친구를 초대해서 맛있는 음식을 대접할 수도 있다. 미술관에 가서 예술품을 감상할 수도 있고, 조상님께 감사하는 마음으로 성묘할 수도 있다. 구체적으로 무엇을 할 것인지 '행동 스위치'를 켜보는 것도 권할 만하다.

최고의 인생을 상상하며 날마다 자신의 '행동 의욕'을 불러일으켜 보라. 이런 습관으로 인해 머지않아 당신은 자신이 '상상해온 바로 그 인생'을 살게 될 것이다.

# 싫은 상대방과도 협력하라

제4장에서 상대방을 바꾸려고 하지 않는 방식에 관해 이야기했다. 상대방을 자기 뜻대로 움직이는 것은 불가능하며, 그가 나름대로 일을 잘 처리하고 있다면 방해하지 않아야 한다는 내용이었다. 여기서는 한 걸음 더 나아가, 당신이 싫어하는 사람이라도 그가 좋은 흐름을 타고 있다면 협력해야 한다는 점을 얘기하고자 한다.

당신이 싫어하는 후배가 당신보다 출세한 상황에서 협력을 요청한다고 가정해보자. 그런 상황에서 당신은 어떻게 할 것인가? 아마도 복잡한 생각에 머리가 아플 것이다. 여기서 필자의 조언은 '기꺼이 협력하라'는 것이다. 물론 이는 상대방을 위한 일이기도 하다. 그러나 그보다 당신 자신을 위한 일이기에 그리하라는 것이다. 왜일까? 그런 상황에서 협력을 거절하는 것보다 협력하는 것이 당신의 기분을 좋게 하고 자율 신경도 안정시켜주기 때문이다.

현실적인 면도 무시할 수 없다. 즉, 우리 삶은 언제 어떻게 바뀔지 모르기에 불필요하게 적을 만들 필요가 없다는 얘기다. 협력할 수 있을 때 협력한다고 해서 당신에게 궁극적으로 손해될 일은 없다. 그런 삶을 사는 사람이 '좋은 흐름'을 만들어간다.

운명이나 운 따위를 들먹이지 않더라도 쓸데없이 적을 만들 필요는 없다. 다른 사람에게 도움을 주고, 그 덕분에 자율 신경이 안정된다면 자연스럽게 좋은 흐름이 만들어진다.

또 하나 덧붙이자면, 당신이 다른 사람에게 베푼 은혜는 잊어버려라. 베푼 것을 계속 기억해봤자 당신의 자율 신경만 어지럽힐 뿐이다.

# 상대방의 50퍼센트 공헌을
# 100퍼센트 공헌으로 인정하라

당신이 무언가를 이뤄냈다고 가정하고, 그 공의 비율에 대해 생각해보자. 완벽하게 혼자 힘으로 이뤄냈다면 그것은 100퍼센트 당신의 공이다. 문제는 그다음이다. 만약 누군가와 둘이 함께 50퍼센트씩 노력해서 그 일을 이뤄냈다면 당신은 주위 사람들에게 뭐라고 말하겠는가?

가장 좋은 방법은, 상대방이 50퍼센트 정도 공헌했다고 여긴다면 '전부 상대방 덕분'이라고 말하는 것이다. 설령 30퍼센트 정도일지라도 그렇게 말하는 것이 좋다. 심지어 그보다 상대방의 비율이 낮더라도 "당신 덕분에 해냈어요",

"당신이 없었다면 해내지 못했을 거예요"라고 말하길 권한다.

왜 이렇게 조언하는지 궁금할 것이다. 그것은 바로 상대방에게는 '실제 공로의 비율'이 아닌 '당신이 어떻게 표현했는가'가 오래 기억에 남을 것이기 때문이다. 모든 것이 당신 자신의 공이라는 식으로 말하면 사람들은 '저 사람은 무엇이든 자기 공으로 돌린다'라고 판단하기 쉽다. 그런 인상이 각인되면 뒤집기가 거의 불가능해진다.

반대로, 당신이 상대방에게 뭔가 도움을 주었을 때는 '나는 아무것도 하지 않았다'라고 말하라. 심지어 상대방이 그 공을 모두 독차지하려고 하는 상황에서도 말이다. 그렇게 하면 스트레스를 받지 않게 된다.

누가 공헌했는가, 얼마나 공헌했는가에 관한 생각은 지극히 개인적이며 자기중심적인 판단이다. 예컨대, 당신이 '이 일은 우리가 50퍼센트씩 공헌해서 해냈다'라고 생각한다고 해도 상대방은 '내가 80퍼센트 공헌했다'라고 생각할 수 있다는 얘기다. 그런데 만약 당신이 '50퍼센트씩 공헌했다'라고 말하면, 상대방은 당신이 그 공을 독차지하려는 사람이라고 생각할 가능성이 크다. 그런 상황에서 괜히 적을 만들거나 자신의 평가를 떨어뜨릴 필요는 없다.

　애당초 그렇게 이뤄낸 일이라는 사실도 그 순간에는 대단하게 여겨지지만, 시간이 지나서 뒤돌아보면 별것 아닌 경우가 다반사 아닌가.

# '오늘 하루도 잘 살았다'라고
# 자신을 칭찬하라

가나가와神奈川현 가마쿠라鎌倉에 있는 공원묘지는 필자가 자주 방문하는 힐링 포인트다. 언덕에 위치해서 바다도 잘 보이고, 날씨가 좋을 땐 정면에 후지산이 눈에 들어와 기분이 좋아진다.

최근에는 일본의 무덤도 분위기가 많이 바뀌어서, 옛날부터 사용한 직사각형의 묘석뿐 아니라 외국 묘에서 볼만한 다양한 디자인의 묘석이 늘고 있다. 돌에도 이름뿐 아니라 여러 말이 새겨져 있다. "고맙습니다", "행복했습니다" 등의 문장이 주로 발견되고, '마음'이라는 단어도 눈에 띈다. 그 말들만으로도 고인의 성품과 분위기를 오롯이 느낄 수 있다.

여러 묘석을 살펴보며 필자는 나의 무덤에 어떤 말을 새길까 진지하게 생각해본 적이 있다. 그때 떠오른 말이 바로 "잘 견뎌냈다"다.

필자 자신에게도 그렇지만, 누군가의 마지막을 배웅할 때도 똑같은 말을 전하고 싶다. 누구나 그 나름의 인생을 견디면서 살아간다. 인생을 사는 것은 그 자체로 수행이고, 큰 부자든 아니든, 설레는 삶을 살았든 살지 못했든, 큰 병으로 고생했든 고생하지 않았든, 사고나 재해로 원통한 죽임을 당했든 당하지 않았든, 모든 사람이 견디면서 살아온 것만은 틀림없다. '우리는 매일 잘 견뎌냈다고 자신에게 말할 수 있는 삶을 살아야겠구나!'라는 생각도 했다.

잠들기 전에 필자는 '오늘 하루도 잘 견뎠다'라고 자신을 위로하며 하루를 마감한다. 좋은 날도 있고, 실수투성이인 날도 있다. 최선을 다한 날도 있고, 게으름만 피운 날도 있다. 그러나 하루를 견뎌냈다면 그것으로 충분하다.

운 좋게 내일을 맞이할 수 있다면 다시 '새로운 인생'이 시작된다. 인생이란 그런 것이다.

# 이 책이 아니라 당신이
# 당신의 인생을 구원할 것이다

『50대를 위한 시작하는 습관』은 『정돈하는 습관』(『整える習慣』, 日経BP日本経濟新聞出版本部, 2021)과 『리셋하는 습관』(『リセットの習慣』, 日経BP 日本経濟新聞出版, 2022)을 잇는 '습관 시리즈' 제3탄인 셈이다. 이 책들은 모두 제각각 독립된 저서이므로 시리즈 전체를 다 읽거나 순서대로 읽지 않아도 된다. 마음 가는 책이 있다면 그것부터 읽기 바란다.

시리즈 제1탄 『정돈하는 습관』은 코로나 팬데믹으로 아 직 세상이 혼란스러울 때 출간되었다. 당시는 아무도 경험 한 적 없는 극도의 불안과 공포 앞에서 '자기 몸과 마음의 건강을 지키고 평정을 유지하는 삶'이 무엇보다 중요한 시기였다.

시리즈 제2탄 『리셋하는 습관』이 출간된 것은 그로부터 1년 반쯤 지나서였다. 당시에도 여전히 코로나 팬데믹이 지속되고 있었지만, 초기에 나타난 불안과 공포감보다는 우울감이 사회를 지배했다. 오랫동안 짓눌려 있던 분위기가 차츰 바뀌고, 초기 상태로 되돌리는 일, 즉 '리셋'이 필요한 시기였다.

시리즈 제3탄 격인 이 책 『50대를 위한 시작하는 습관』은 그다음으로 출간되었다. 이 책의 주요 메시지는 '오늘이 내 생애를 통틀어 가장 젊은 날이라는 것', 마음만 먹으면 '오늘 당장 새로운 인생을 시작할 수 있다'는 내용이다. 몸과 마음의 균형을 찾고, 자율 신경을 안정화한 다음 새로운 일에 도전하라는 메시지다. 오늘부터 뭔가 새로운 일을 시작하거나, 날마다 해온 일이라도 지금, 이 순간부터 새로운 기분으로 다시 시작하라는 메시지이기도 하다.

책을 집필하거나 대중을 상대로 강연하면 "선생님 덕분에 건강을 되찾았어요!", "제가 원래 부정적인 사람이었는데, 선생님의 책과 강연을 통해 긍정적인 사람으로 바뀌었어요!" 등의 평을 하며 고마움을 표현하는 분들이 있다. 그럴 땐 말로 다 표현하기 어려울 만큼 기분이 좋다. 그러나 냉정하게 생각해보면, 사실 그것은 필자의 공이 아니다. 결국 자신을 구원할 수 있는 이는 다른 누구도 아닌 자기 자신뿐이기 때문이다. 필자는 그저 책과 강연을 통해 누군가가 자신을 스스로 구원하는 것을 도왔거나, 작은 해결의 실마리를 제공했을 따름이다.

지금까지 집필해온 책들에서 필자는 '아무것도 기대하지 않는 것의 중요성'을 여러 번 강조했다. 이 말은 어떤 나쁜 상황에 맞닥뜨려도 '다른 사람을 탓하지 않는다', '누군가에게 자기 삶을 의지하지 않는다'라는 말로 바꿀 수 있다. 냉정하게 들릴 수도 있겠지만, '모든 것은 자기 하기 나름'이라고 생각하기만 해도 자율 신경은 안정된다.

이 책을 읽고 용기 내어 뭔가를 새롭게 '시작'하게 된다면, 당신의 인생은 긍정적으로 변화하기 시작한 셈이다. 당신은 이 책에 긍정적인 자극을 받고, 좀 더 밝아지고 건강해질 수도 있다. 그렇다고 해도 이 책이 당신을 구원한 것은 아니다. 당신이 자기 힘으로 긍정적인 사람으로 변화한 것이며, 몸과 마음의 건강을 유지한 것이다.

당신에게는 그런 힘이 있다. 살다 보면 우리 인생에는 많은 크고 작은 일들이 일어난다. 어제 굴욕적인 패배를 당해, 오늘 패자 부활전을 치러야 할 때도 있다. 그런 상황에서조차 당신은 자신의 몸과 마음 상태를 건강하게 유지하고 자율 신경을 안정시키며, 새로운 인생을 시작하고 개척할 수 있다.

자율 신경 전문가이자 지구에 발을 딛고 사는 같은 호모 사피엔스의 한 명으로서, 당신이 날마다 설레는 기분으로 살아갈 것을 진심으로 바라고 응원한다.

# '시작'을 응원하는 11개 메시지

1 뭔가를 시작할 때 가장 먼저 할 일은 '책상 위를 깨끗이 정리'하는 것이다.

2 하루 중 한 시간을 특별한 이벤트로 삼아라. 의미 없이 흘러가곤 하던 하루가 특별한 날로 바뀔 것이다.

3 자신이 할 수 있는 일을 묵묵히 하는 것이 흐름에 휘둘리지 않고 자율 신경을 안정화하는 비법이다.

4 상대방을 바꾸려 하지 말라. 상대방은 당신과 다른 인격체이며, 사람은 쉽게 변하지 않는다.

5 기분이 안 좋을 때는 위를 쳐다보라.

6 좋은 기분을 유지하는 것은 최고의 건강 관리법이다.

7 껌을 씹는 것은 좋은 습관이다.

8 구두를 운동화로 바꿔 신는 것만으로도 세상이 가벼워지고 만만해진다.

9 면역력을 높이고 싶다면 장내 환경을 안정화하는 것이 가장 좋은 비법이다.

10 사람들은 대부분 오전 중에 자율 신경 상태가 가장 좋다. 이때 중요한 업무를 효율적으로 처리할 수 있다.

11 날마다 기분 좋게 '안녕하세요', '고맙습니다'라고 말하는 사람의 인생은 편안하고 행복하다.

274

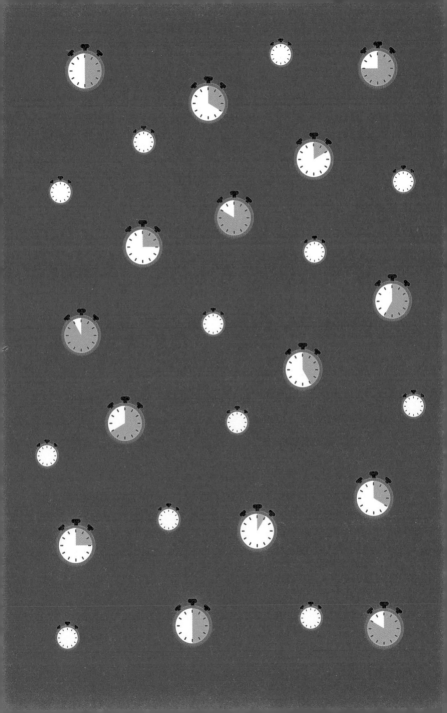

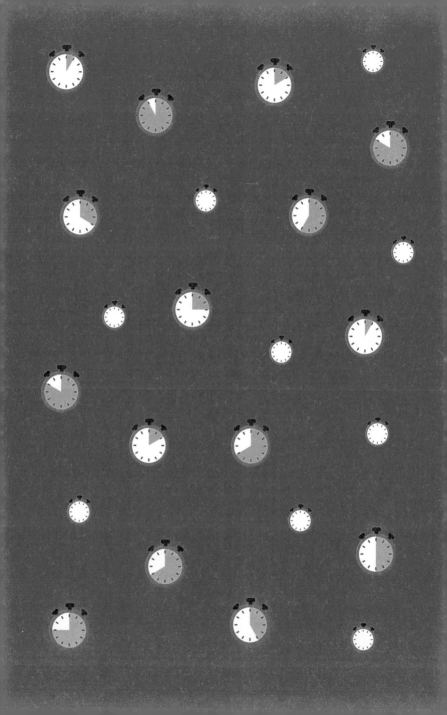